2003 • 31e édition

Coupe de l'America

La victoire historique d'Alinghi

Horizon illimité

64
infonet
ALINGHI.COM
UBS
alinghi

Coupe de l'America

2003 • 31e édition

PALMARÈS

Alinghi (Suisse) Russell Coutts ***2003***
NZL-60 (NZ) Russell Coutts ***2000***
Black Magic (NZ) Russell Coutts ***1995***
America3 (USA) B. Koch & B. Melges ***1992***
Stars & Stripes (USA) Dennis Conner ***1988***
Stars & Stripes (USA) Dennis Conner ***1987***
Australie II (Australie) John Bertrand ***1983***
Freedom (USA) Dennis Conner ***1980***
Courageous (USA) Ted Turner ***1977***
Courageous (USA) T. Hood & D. Conner ***1974***
Intrepid (USA) Bill Ficker ***1970***
Intrepid (USA) Bus Mosbacher ***1967***
Constellation (USA) B. Bavier & E. Ridder ***1964***
Weatherly (USA) Bus Mosbacher ***1962***
Columbia (USA) Briggs Cunningham ***1958***
Ranger (USA) Harold Vanderbilt ***1937***
Rainbow (USA) Harold Vanderbilt ***1934***
Enterprise (USA) Harold Vanderbilt ***1930***
Resolute (USA) Charles F Adams ***1920***
Reliance (USA) Charles Barr ***1903***
Columbia (USA) Charles Barr ***1901***
Columbia (USA) Charles Barr ***1899***
Defender (USA) Henry Haff ***1895***
Vigilant (USA) William Hansen ***1893***
Volunteer (USA) Henry Haff ***1887***
Mayflower (USA) Martin Stone ***1886***
Puritan (USA) Aubrey Crocker ***1885***
Australie II (Australie) John Bertrand ***1883***
Mischief (USA) Nathaniel Clock ***1881***
Madeleine (USA) Josephus Williams ***1876***
Columbia (USA) Nelson Comstock ***1871***
Magic (USA) Andrew Comstock ***1870***
America (USA) Richard Brown ***1851***

ISBN : 2-84787-040-7

Directeur artistique : Jean-Baptiste Gilou
Maquette : Nicolas Belia

Sommaire

Team New Zealand

Royal New Zealand Yacht Squadron (RNZYS)

Devenue en 2000 la seconde nation, après l'Australie, à briser la terrible hégémonie des Etats-Unis sur la plus vieille compétition du monde, l'équipe de Nouvelle-Zélande a connu un profond remaniement avant de se lancer dans cette 31e édition. De nombreux cadres ont quitté le navire, dont Sir Peter Blake, l'architecte Laurie Davidson, le chevronné skipper Russell Coutts et son tacticien Brad Butterworth (tous deux partis grossir les rangs du challenger suisse *Alinghi*).

Alors que les sponsors renouvelèrent leur soutien, le nouveau président fut désigné (Ross Blackman) et la nouvelle équipe mise sur pieds autour des deux nouveaux skippers, Dean Barker (champion du monde de match-race) et Tom Schnackenberg, qui endossa plusieurs casquettes dont celle de coordinateur de l'équipe de design.

IACC
NZL-81
NZL-82

CEO
Ross Blackman (NZ)
Syndicate Head
Tom Schnackenberg (NZ)
Constructeur
North Shore boatbuilders
Designers
Mike Drummond (NZ)
Clay Oliver (NZ)
Nombre de personnes
nc
Budget
40 millions de dollars

Skipper/Barreur
Dean Barker (NZ)

Barreurs
Cameron Appleton (NZ)
Bertrand Pace (FRA)

Navigateurs
Tom Schnackenberg (NZ)
Mike Drummond (NZ)

Tacticiens
Tom Dodson (NZ)
Peter Evans (NZ)
Peter Evans (NZ)
Hamish Pepper (NZ)

Traveller
Adam Beashel (AUS)

Trimmers
James Dagg (NZ)
Daniel Fong (NZ)
Jeremy Lomas (NZ)

Grinders
Jonathan Macbeth (NZ)
Rob Waddell (NZ)

Mais aussi...
Tony Rae (NZ)
Chris Salthouse (NZ)
Barry McKay (NZ)
Nathan Handley (NZ)
Dan Slater (NZ)
Joe Spooner (NZ)
Ian Baker (NZ)
Rob Waddel (NZ)
Joe Allen (NZ)
Nick Heron (NZ)
Richard Meecham (NZ)
Erle Williams (NZ)

Météo
Roger Badham (AUS)
Mike Quilter (NZ)
...

Alinghi Swiss Challenge

Société Nautique de Genève (SNG)

Pour sa deuxième tentative, le Défi Suisse a profité de la venue, du talent et de l'expérience d'une pléiade d'impétrants néo-Zélandais, victorieux de la précédente Coupe de l'America à bord du Team NZ. Double vainqueur de la compétition, Russell Coutts a amené dans ses valises une pléthore de Kiwis rompus à la discipline, dont Brad Butterworth et Murray Jones. Regroupant une dizaine de nationalités, l'équipe du magnat genévois de l'industrie pharmaceutique, Ernesto Bertarelli, s'est également enrichi du stratège allemand, Jochen Schuemann, quadruple médaillé olympique allemand !

Réalisés sous la houlette d'une équipe de design tout aussi bigarré, les deux Class America helvétiques ont été construits au chantier Decision de Bertrand Cardis avant de filer à Auckland, dès octobre 2001.

Skipper/Barreur
Russell Coutts (NZ)

Second barreur
Jochen Schumann (D)

Tacticien
Brad Butterworth (NZ)

Stratège
Murray Jones (NZ)

Navigateur
Ernesto Bertarelli (CH)

Trimmers
Simon Daubney (NZ)
Warwick Fleury (NZ)
Marco Constant (ASF)
Richard Bouzaid (NZ)
Christian Scherrer (CH)

Grinders
Christian Karcher (FRA)
Yann Maillet (CH)

Mais aussi...
William Mc Carthy (AUS)
Jaan Neergaard (DAN)
Dominik Neidhart (CH)
Peter Van Niekerk (NL)
John D. Barnitt (USA)
Kai Bjorn (CAN)
Thierry Chapet (FRA)
Enrico de Maria (CH)
Francesco Rapetti (ITA)
Josh Belski (USA)
Dean Phipps (NZ)
Curtis Blewett (CAN)
Bernard Labro (FRA)
Yves Detrey (CH)
J.-C. Monnin (SUI)
Alan Coutts (NZ)
Pieter van Nieuwenhuyzen (NL)

Météo
John Bilger (NZ)
...

IACC
SUI-64
SUI-75

Syndicate Head/CEO
Ernesto Bertarelli (CH)

Project Manager
Michel Bonnefous (CH)

Constructeur
Decision SA

Designers
Grant Simmex (AUS)
Rolt Vrolijk (NZ)

Nombre de personnes
95

Budget
55 millions de dollars

Oracle BMW Racing

Golden Gate Yacht Club (HHYC)

Après avoir repris les actifs de l'ancien syndicat de San Francisco de Paul Cayard, le milliardaire Larry Ellison, qui a construit sa fortune dans les logiciels et l'informatique (il siège notamment au conseil d'administration d'Apple), a présenté avec ambition sa nouvelle équipe au départ de cette 31e édition. Il a puisé dans l'équipe d'*American One*, finaliste de la précédente Coupe Louis Vuitton, et dans le *Team NZ* victorieux pour constituer son organigramme. Dessinés par le Bruce Farr Yachts Design (dont le palmarès recense toutes les épreuves, à l'exception de la Coupe de l'America !), les deux voiliers *Oracle* ont été confiés à John Cutler et Peter Holmberg. En plus de Larry Ellison qui, passionné de voile reconnu, a annoncé qu'il prendrait lui-même la barre en certaines occasions lors de cette édition.

IACC
USA-71
USA-76

CEO
Larry Ellison (USA)
Président
Philip Simon (USA)
Constructeur
Smyth and Gillies
Designers
Bruce Farr (USA)
Russel Bowler (USA)
Nombre de personnes
140
Budget
95 millions de dollars

Skippers/Barreurs
John Cutler (USA)
Peter Holmberg (USA)

Navigateur
Ian Burns (USA)

Tacticiens
Tommaso Chieffi (USA)

Mais aussi...
John Sweeney (USA)
Stuart Argo (USA)
Bill Bates (USA)
Bill Bates (AUS)
David Brooke (NZ)
Chris Cantrick (USA)
Nic Clarke (USA)
Stuart Clarke (USA)
Rodney Daniel (USA)
Eric Doyle (USA)
Cameron Dunn (NZ)
Stuart Felker (USA)
Graham Fleury (NZ)
Mike Howard (USA)
Phillip Jameson (NZ)
Brett Jones (USA)
Brian MacInnes (USA)
Mark McTeigue (AUS)
Robbie Naismith (NZ)
Jim Nicholas (USA)
Mike Sanderson (NZ)
Brian Sharp (USA)
Geordie Shaver (USA)
Dave Ullman (USA)
Brad Webb (USA)
Matt Welling (USA)
Bob Wylie (USA)
Jon Ziskind (USA)
Robbie Young (USA)

Météo
Bob Rice (USA)
Simon Cooke (NZ)
Aaron McIntosh (NZ)
Scott Sanford (USA)
...

OneWorld Challenge

Seattle Yacht Club (SYC)

Premier syndicat originaire de Seattle, monté en l'espace d'un an au sortir de l'America's Cup 2000, le SYC a rapidement rassemblé un amalgame de marins hétéroclites et cosmopolites, emmené par Peter Gilmour pour constituer l'équipe de *OneWorld*. Mu par un désir de promouvoir l'écologie et la protection de l'environnement, ce challenger a été au cœur d'une lourde polémique lorsque son ex-avocat avoua que cinq recrues, issues du *Team NZ*, débarquèrent avec des éléments techniques sur le tenant du titre. Durant l'été 2002, l'Arbitration Panel, chargé de trancher, décida d'infliger un point de pénalité à *OneWorld* à l'issue des Round Robin (une pénalité qui sera étendue par la suite). Nés de l'imagination de Davidson, Nelson et Kaiko, les deux voiliers sont arrivés dans la baie d'Auckland en mars 2002 et ont pu débuter tôt leur préparation.

Skippers/Barreurs
Peter Gilmour (AUS)

Second barreur
James Spithill (AUS)

Mais aussi...
Mark Chisnell (USA)
Justin Clougher (USA)
Donald Cowie (USA)
Richard Dodson (USA)
Ben Durham (USA)
David Endean (USA)
Andy Fethers (USA)
Kevin Hall (USA)
Kelvin Harrap (USA)
Paul Larkin (USA)
Morgan Larson (USA)
Brian Ledbetter (USA)
Matthew Mason (NZ)
Donald McCracken (USA)
Charlie McKee (USA)
Jonathan Mckee (USA)
Mark Mendelblatt (USA)
Craig Monk (NZ)
Michael Mottl (USA)
Mark Newbrook (USA)
Joey Newton (AUS)
Jeremy Scantlebury (NZ)
Kevin Shoebridge (NZ)
Alan Smith (NZ)
Edward Smyth (AUS)
Kazuhiko Sofuku (JPN)
Mark Strube (USA)
Andrew Taylor (NZ)
Tatsuya Wakinaga (JPN)
Peter Waymouth (NZ)
Yaji Yasuhiro (JPN)

Météo
Ken Campbell (USA)
Brynn Campbell (USA)
Rod Dawson (USA)
Andy Estcourt (USA)
Hamish Wilcox (NZ)
...

IACC
USA-65
USA-67

Chairman
Garry Wright (USA)

CEO
Craig Mc Caw (USA)

Constructeur
Janicki Marine

Designers
Laurie Davidson (NZ)
Phil Kaiko (AUS), Bruce Nelson(USA)

Nombre de personnes
120

Budget
35 millions de dollars

Prada Challenge

Yacht Club Punta Ala (YCPA)

Challenger régulier depuis 1983, double vainqueur de la Coupe Louis Vuitton, l'Italie a cette fois encore été représentée par deux voiliers dans la baie d'Auckland, dont *Prada*, victorieux en 2000 (avant de prendre un cinglant 5-0 face à *Team NZ* dans l'America's Cup). Fiévreux de réitérer ses prouesses, l'équipe italienne doubla son budget pour cette 31e édition et en investit l'essentiel dans la conception et la réalisation de ses Class America.
Placée sous la direction de Doug Peterson, l'équipe de design a réalisé, grâce aux talents combinés des Anglais Ian Howlett, David Alan-Williams et du franco-argentin Juan Kouyoumdjian, des bateaux construits à Grosetto par Ian King et Green Marine. Renforcée par la venue d'une légion d'étrangers, l'équipe a pu s'entraîner à la Punta Ala et à Auckland pour préparer idéalement sa seconde participation.

IACC
ITA-74
ITA-80

Chairman/CEO
Patrizio Bertelli (ITA)
General Manager
Giacomo Ovidi (ITA)
Constructeur
Green Marine
Designers
Doug Peterson (USA)
David Alan-Williams (GB)
Nombre de personnes
160
Budget
85 millions de dollars

Skipper/Barreur
Francesco de Angelis (ITA)

Seconds barreurs
Gavin Brady (NZ)
Rod Davis (NZ)

Navigateurs
Dario Malgarise (ITA)
Matteo Plazzi (ITA)

Tacticiens
Francesco Bruni (ITA)
Steve Erickson (USA)
Torben Grael (BRA)

Grinders
Massimo Galli (ITA)
Federico Giovannelli (ITA)
Emanuele Marino (ITA)
Gilberto Nobili (ITA)
Romolo Ranieri (ITA)
Piero Romeo (ITA)
Nicolas Texier (FRA)

Trimmers
Lars Borgstrom (ITA)
Daniele Bresciano (ITA)
Sean Clarkson (NZ)
Andrew Hemmings (GB)
Carter Perrin (USA)
Lorenzo Mazza (ITA)

Mais aussi...
Alberto Barovier (ITA)
Paolo Bassani (ITA)
Thomas Burnham (USA)
Cristian Griggio (ITA)
Michele Ivaldi (ITA)
Albert Jacobsoone (FRA)
Simone de Mari (ITA)
Massimo Gherarducci (ITA)
Massimiliano Sirena (ITA)
Alberto Barovier (ITA)
Paolo Bassani (ITA)
David Blanchfield (AUS)
...

Victory Challenge

Gamla Stans Yacht Club (GSYC)

Absente de la compétition depuis 1992, la Suède a retrouvé l'America's Cup cette année, grâce à *Victory Challenge*, le voilier du magnat de la presse suédois Jan Stenbeck. S'appuyant sur des talents tels que les Suédois Magnus Holmberg et Jesper Bank (double champion olympique à Sydney), l'équipe se consolida en recrutant des marins issus des autres pays scandinaves (Danemark, Finlande et Norvège).
Après avoir acquis l'ancien Class America kiwi NZL-38 (qui disputa la Coupe de l'America 1995), l'équipe s'est rodée au large du port de Sète et a régaté ponctuellement face à *Alinghi* (qui partageait la même base qu'elle). Pendant ce temps, les équipes de conception et de construction dirigées par German Frers Jr et Chris Mellow ont finalisé les deux *Orm* (aigles) qui ne furent livrés qu'en août 2002.

Skipper
Mats Johansson (SUE)

Barreurs
Jesper Bank (SUE)
Magnus Holmberg (SUE)

Tacticien
Stefan Rahm (SUE)

Stratège
Murray Jones (NZ)

Navigateurs
Johan Barne (NOR)
Espen Stokkeland (NOR)

Trimmers
Henrik Walderyd (SUE)
Morten Halkier (DEN)
Lars Linger (SUE)
Oskar Ljung (SUE)
Mikkel Røssberg (DAN)
Henrik Valderyd (SUE)

Grinders
Pål Christoffersen (SUE)
Eki Heinonen (FIN)
Peter Merrington (AUS)
Henrik Norberg (SUE),
Claus Olesen (SUE)
Fredrik Olrog (SUE)
Kasper Vang (DAN)

Mais aussi...
Magnus Augustson (SUE)
Patrik Carlsson (ESP)
Anders Dahlsjö (SUE)
Thomas Hallberg (FIN)
Oscar Angervall (SUE)
Harald Blom-Bakke (NOR)
Fredrik Green (SWE)
Conan Hunt (NZ)
Johan Karlsson (SWE),
Martin Krite (SWE)
Thomas Jacobsen (DEN)
...

IACC
SWE-63
SWE-73

Chairman/CEO
Jan Stenbeck (SUE)

Project Manager
Matts Johnson (SUE)

Constructeur
Hisingen

Designers
Grant Simmex (Aus)
Rolt Vrolijk (NZ)

Nombre de personnes
120

Budget
35 millions de dollars

GBR Challenge

Royal Ocean Racing Club (RORC)

Instigateur de l'America's Cup il y a près d'un siècle et demi, la Grande-Bretagne s'est éloignée de l'épreuve à partir de 1986. Un entrepreneur (nommé Peter Harrison, qui fit fortune avec la net économie) a permis de cristalliser le nouvel élan et de fédérer les nouveaux talents britanniques qui ramenèrent une moisson de médailles à Sydney. Parmi ces marins de génie, Ian Walker a été promu à la tête de l'équipage de sa gracieuse Majesté.

Les entraînements se sont accumulés, face à *Prada* notamment, pour former cette jeune garde britannique ambitieuse, mais inexpérimentée. Issus des chantiers navals de Cowes, les deux voiliers anglais de l'Ile de Wight, créés par Derek Clarke, Jo Richards, Rob Humphreys, Akihiro Kanai et Taro Takahashi, ont été baptisés *Wight Lightning* et *Wight Magic*.

IACC

GBR-70

GBR-78

Chairman/CEO
Peter Harrison (GB)

Project Manager
David Barnes (GB)

Constructeur
Cowes

Designers
Rob Humphreys (GB)
Stephen Jones & Tim Corben (GB)

Nombre de personnes
120

Budget
35 millions de dollars

Skipper
Ian Walker (GB)

Barreurs
Andrew Beadsworth (GB)
Andrew Green (GB)

Navigateurs
Dario Malgarise (ITA)
Matteo Plazzi (ITA)

Tacticiens
Julian Salter (GB)
Adrian Stead (GB)

Grinders
Craig Nutter (GB)
Malcom Parker (AUS)
Mark Covell (GB)
Guy Reid (GB)
Greg Searle (GB)
James R. Lyne (GB)
Ian Weighell (GB)
Ben Morrison-Jack (GB)

Trimmers
Christopher Mason (GB)
Richard Sydenham (GB)
Jim Turner (GB)
Simon Fry (GB)
Ian Budgen (GB)
Toby Iles(GB)

Mais aussi...
Christopher Main (GB)
Jonathan Taylor (GB)
George Skuodas (GB)
Moray Gray (GB)
James Stagg (GB)
Mark Sheffield (GB)
Nik Pearson (GB)
Matthew Cornwell (GB)
Peter Thomas (GB)
William I'Anson (GB)
Fiora Campbell (GB)
...

Stars & Stripes

New York Yacht Club (NYYC)

Quadruple vainqueur de l'America's Cup (en 1974, 80, 87 et 88), finaliste déchu à deux autres reprises (en 1983 et 95), Dennis Conner est l'une des légendes de cette compétition à laquelle il voue une fidélité sans faille depuis trente ans. S'il ne navigue plus à la barre du voilier, il en contrôle toujours la destinée, depuis son poste de dirigeant. Une fonction qui lui a valu de chercher le financement pour cette croisade et de définir les choix stratégiques, notamment au niveau de la répartition des responsabilités.

Fer de lance du plus célèbre yacht au monde (le New York Yacht Club, qui conserva la coupe en alguierre pendant 132 ans !), le *Stars & Stripes* a été élaboré par John Reidel, sous la coupe de Mick Harvey et Bill Trenkle, et rapidement mis à la disposition de Ken Read, le skipper, déjà présent à ce poste en 2000.

Skipper
Ken Read (USA)

Seconds barreurs
Peter Isler (USA)
Tom Whidden (USA)

Tacticien
Terry Hutchinson (USA)

Navigateur
Matthew Gregory (USA)

Trimmers
Vince Brun (USA)
Mike Toppa (USA)
Bill Trenkle (USA)
Morgan Trubovich (USA)
Harvey Davis (USA)
Tony Rey (USA)

Grinders
Chris Adams (USA)
David Calverley (USA)
Joe Fanelli (USA)
Larry Mialik (USA)
Andrew Scott (USA)
Brian Terhaar (USA)

Mais aussi...
Chuck Brown (USA)
Jim Cannon (USA)
Wally Henry (USA)
Caleb Borchers (USA)
Rock Ferrigno (USA)
Rick Burnham (USA)
Rob Myles (USA)
...

IACC
USA-66
USA-77

CEO
Dennis Conner (USA)

Project Manager
Bill Trenkle (USA)

Constructeur
New England Boatworks

Designers
John Reichel (USA)
Reichel Pugh Yacht Design

Nombre de personnes
60

Budget
40 millions de dollars

Le Défi Areva

Union Nationale pour la Course au Large (UNCL)

Venue à l'America's Cup en 1970, grâce au Baron Bich, créateur du stylo à bille, la France a participé depuis à chacune des éditions. Tout comme en 2000, *Le Défi* a représenté les chances françaises, avec toujours aussi peu de moyens financiers (le groupe Areva se joignant à l'aventure un an avant l'ouverture des festivités) pour se distinguer dans le gotha des épreuves de match-race.

Malgré le départ de son skipper fétiche Bertrand Pacé (champion du monde de match-racing recruté par le Team NZ), le Syndicat français a poursuivi son effort. Soutenu par la ville de Lorient, l'équipe tricolore a pu s'entraîner dans ses eaux au bord à bord avec son vieux *Sixième Sens* (présent en 2000) et NZL-32 (loué aux Néo-Zélandais), avant de prendre tardivement le chemin d'Auckland.

IACC
FRA-69
FRA-79

Chairman/CEO
Xavier de Lesquen (FRA)

Manager Technique
Luc Gellusseau (FRA)

Manager Sportif
Pierre Mas (FRA)

Constructeur
Multiplast

Designers
Yaka Design

Nombre de personnes
90

Budget
20 millions de dollars

Skipper
Luc Pillot (FRA)

Barreur
Philippe Presti (FRA)

Navigateur
Philippe Mourniac (FRA)

Mais aussi...
Sébastien Destremau (FRA)
Luc Gellusseau (FRA)
Dominique Vittet (FRA)
Frederic Brousse (FRA)
Eric Carret (FRA)
Frédéric Le Maistre (FRA)
Jean-Paul Levrel (FRA)
Paul Mc Kenzie (AUS)
Stefan Fodor (FRA)
Thierry Briend (FRA)
Tanguy Cariou (FRA)
Sébastien Col (FRA)
Dimitri Despierres (FRA)
Olivier Douillard (FRA)
Thierry Douillard (FRA)
Frédéric Guilmin (FRA)
Damien Iehl (FRA)
Cristophe Lassegue (FRA)
Fabrice Levet (FRA)
Philippe Pallu De La Barriere (FRA)
Jérôme Vedrenne (FRA)

Mais aussi...
Gilles Favennec (FRA)
David Forveille (FRA)
Timmy Kröger (D)
J-F. Rivalant (FRA)
Erwan Vanier (FRA)
Julien Cressant (FRA)
J-M. Dauris (FRA)

Météo
Jacques Souquet (FRA)
Philippe Mouniac (FRA)
...

Mascalzone Latino

Reale Yacht Club Canottieri Savoia (RYCCS)

Basée sur l'Ile d'Elbe, fief de Vincenzo Onorato (dirigeant d'une entreprise maritime à Naples), le modeste Syndicat du Reale Yacht Club Canottieri Savoia a tenté l'aventure de la Coupe de l'America lors de cette édition avec des moyens bien en-deçà de ceux affichés par leur compatriote Prada. Pour bien préparer son noviciat, l'équipage napolitain s'est entraîné avec deux Class America de 1999, le *Bravo España* et le *Stars & Stripes*. Dessiné par l'expérimenté Giovanni Ceccarelli, le nouveau voilier *Mascalzone Latino* a été construit au Tencara Yard, près de Venise, là même où fut construit *Il Moro* (qui participa à la Coupe de l'America 1992). Livré en mai à Naples, le seul voilier de l'omniprésent Onorato (44 ans) a pris le chemin de la baie d'Auckland dans le but d'apprendre, pour mieux aborder la 32e édition, en 2007.

Skipper
Vincenzo Onorato (ITA)

Barreur
Paolo Cian (ITA)

Tacticien
Flavio Favini (ITA)

Navigateur
Silvio Arrivabene (ITA)

Trimmers
Paolo Scutellaro (ITA)
Andrea Ballico (ITA)
Pierluigi Fornelli (ITA)
Flavio Grassi (ITA)

Grinders
Shannon Falcone (ITA)
Saverio Giambi (ITA)
Andrea Mocchetto (ITA)
Giuseppe Brizzi (ITA)

Mais aussi...
Luca Albarelli (ITA)
Francesco De Vita (ITA)
Antar Vigna (ITA)
Jacopo Bagnaschi (ITA)
Salvatore Pavoni (ITA)
Paolo Bottari (ITA)
Davide Scarpa (ITA)
Pierluigi de Felice (ITA)
Claudio Novi (ITA)
Antar Vigna (ITA)

Météo
A. Pezotti (ITA)
D. Martenensso (ITA)
...

IACC
ITA-72

CEO
Vincenzo Onorato (ITA)

Project Manager
Tom Weaver (USA)

Constructeur
Tencara Spa

Designer
Giovanni Ceccarelli (ITA)

Nombre de personnes
45

Budget
30 millions de dollars

PRADA

GBR 70
GBR

Les Américains de OneWorld ont débuté leur croisade avec panache, en étrillant Mascalzone, relégué à plus de cinq minutes.

L'ouverture des festivités à Auckland a été marquée par le premier et large succès du favori *Alinghi* (près de 5 minutes), au détriment du *Défi* français. Sur le plan d'eau "Romeo", les équipiers du barreur néo-Zélandais Russel Coutts et du navigateur (et instigateur de l'équipe) Ernesto Bertarelli ont pris la tête d'entrée et ont profité d'un bateau nettement plus rapide que celui des Français pour accentuer leur avance et accrocher imparablement leur premier succès.
Malgré un départ manqué, le *GBR Challenge* (qui pointa avec 14 secondes de retard au départ) a rivalisé jusqu'au bout avec le *Stars & Stripes* de Ken Read et s'est incliné pour 20 petites secondes. Un écart infime qu'a pu constater de visu Peter Harrison, le 17e homme du *Wight Lightning*, qui a vécu cette régate... sur une chaise de jardin ! Auteur d'un somptueux départ et d'une régate sans faille, qui lui permit de creuser l'écart à chaque bord, l'Australien James Spithill a offert à *OneWorld* sa première victoire, face à *Mascalzone*. Un succès qui est venu d'entrée annuler le point de pénalité infligé, avant même le début de l'épreuve, par l'Arbitration Panel à l'équipe de Craig McCaw, condamnée pour avoir été en possession de données du *Team New Zealand* (ils firent amende honorable en avouant toutefois ne pas les avoir utilisés !). Dans l'autre confrontation italo-américaine, le Syndicat de San Diego a lui aussi dompté son rival, en prenant l'avantage dès le premier bord de près et en le conservant jusqu'au bout face au *Prada Challenge*... qui enregistra là son premier échec alors qu'il n'avait perdu la moindre régate lors du premier Round Robin, en 1999 !

Favoris, les Suisses d'Alinghi ont confirmé leur ambition en disposant aisément du Défi Areva.

Classement

1. Alinghi (CH)	1 pt
2. Oracle (USA)	1 pt
3. Stars & Stripes (USA)	1 pt
4. Victory (Sué)	0 pt
5. OneWorld (USA)	0 pt
6. Prada (Ita)	0 pt
7. GBR Challenge (GB)	0 pt
8. Mascalzone (Ita)	0 pt
9. Le Défi (Fra)	0 pt

Les régates du jour

Stars & Stripes (USA) bat GBR (GB)	0'20"
Oracle (USA) bat Prada (Ita)	0'42"
Alinghi (CH) bat Le Défi (Fra)	4'48"
OneWorld (USA) bat Mascalzone (Ita)	5'43"

NEXTEL
ONEWORLD

Le choc des titans entre OneWorld et Alinghi a tenu toutes ses promesses et a tourné à l'avantage des Américains... pour dix secondes !

Après deux jours d'interruption (en raison de vents trop forts), les régates ont repris dans la baie d'Auckland. Le choc des titans, entre *OneWorld* et *Alinghi*, a tenu toutes ses promesses et, une fois de plus, le départ a été prédominant. Parti avec huit secondes d'avance, l'Australien James Spithill a infligé à Russell Coutts sa première défaite depuis la Coupe Louis Vuitton 1995 (face à *OneAustralia*).

Pris à défaut au départ, *Oracle* s'est malgré tout sereinement imposé pour la seconde fois consécutive, en ayant été un moment barré par Larry Ellison, président d'Oracle. Victime également d'un mauvais choix stratégique au départ, *Prada* n'a pu combler son handicap et s'est incliné devant *Stars & Stripes*. Exempts le premier jour, les Suédois de *Victory Challenge* ont réalisé une entrée en matière probante, en devançant *Le Défi Areva* qui a tenté de compenser la déchirure du spi par des choix stratégiques audacieux, mais incfructueux.

Classement

1. Oracle (USA)	2 pts
2. Stars & Stripes (USA)	2 pts
3. OneWorld (USA)	1 pt
4. Alinghi (CH)	1 pt
5. Victory (Sué)	1 pt
6. Prada (Ita)	0 pt
7. GBR Challenge (GB)	0 pt
8. Mascalzone (Ita)	0 pt
9. Le Défi (Fra)	0 pt

Les régates du jour

OneWorld (USA) bat Alinghi (CH)	0'10"
Stars & Stripes (USA) bat Prada (Ita)	0'35"
Victory Challenge (Sué) bat Le Défi (Fra)	1'16"
Oracle (USA) bat Mascalzone (Ita)	2'03"

USA 66
NAUTICA

Classement

1. Oracle (USA)	2 pts
2. Stars & Stripes (USA)	2 pts
3. OneWorld (USA)	2 pts
4. Alinghi (CH)	2 pts
5. Victory (Sué)	2 pts
6. Prada (Ita)	1 pt
7. GBR Challenge (GB)	0 pt
8. Mascalzone (Ita)	0 pt
9. Le Défi (Fra)	0 pt

La confrontation entre les deux challengers *Le Défi* et *Prada* a tourné à l'avantage du bateau italien. Mieux partis, les équipiers du barreur Philippe Prestic ont peiné à la première bascule de vent puis ont déchiré leur spinnaker lors de l'affalage. Ils écopèrent d'une pénalité, mais abandonnèrent avant de l'observer.

Alors que les Suédois de *Victory Challenge* ont maîtrisé avec brio les équipiers du *Stars & Stripes*, les Suisses d'*Alinghi* et les Américains de *OneWorld* ont surclassé tous deux leur adversaire du jour. Dans les deux cas, les équipages victorieux ont dominé le départ (GBR-70 touchant même la jupe de *Stars & Stripes*) et ont amplifié leur avance... au point qu'*Alinghi* ne fixe le plus gros écart de la Coupe Louis Vuitton (7'08").

Les Français du Défi ont joué à nouveau de malchance, en déchirant une seconde fois leur spinnaker.

Les régates du jour

Victory Challenge (Sué) b. Stars & Stripes (USA)	0'33"
OneWorld (USA) bat GBR Challenge (GB)	3'22"
Alinghi (CH) bat Mascalzone (Ita)	7'08"
Prada (Ita) bat Le Défi (Fra)	Abandon

Très serré (le Comité dut donner deux départs !), le duel entre Victory et Mascalzone a tourné à l'avantage des Suédois.

Les régates du jour

GBR Challenge (GB) bat Le Défi (Fra)	0'13"
Victory Challenge (Sué) bat Mascalzone (Ita)	0'35"
Alinghi (CH) bat Prada (Ita)	1'32"
Oracle (USA) bat Stars & Stripes (USA)	1'58"

Repoussées de plusieurs heures, faute de vent, les quatrièmes régates se sont finalement déroulées le jour prévu. Progressant au fil de ses sorties, l'équipage italien de *Prada* a tenu tête autant qu'il l'a pu à l'impressionnant *Alinghi*, leader dès le passage de la première bouée. Auteur d'une régate sérieuse et réfléchie, les Suisses ont habilement navigué et ont adroitement géré leur avance pour décrocher leur troisième succès. La toute première opposition fratricide entre challengers américains a été le cadre d'une farouche explication entre *Oracle* et *Stars & Stripes* qui a tourné à l'avantage du premier nommé. Bien qu'ayant dominé *GBR* avec vaillance, les Français du *Défi* ont eux pêché par maladresse et ont encaissé une double pénalité rédhibitoire qui leur a valu de céder la victoire sur le fil.

Classement

1. Alinghi (CH)	3 pts
2. Oracle (USA)	3 pts
3. Victory (Sué)	3 pts
4. OneWorld (USA)	2 pts
5. Stars & Stripes (USA)	2 pts
6. Prada (Ita)	1 pt
7. GBR Challenge (GB)	1 pt
8. Mascalzone (Ita)	0 pt
9. Le Défi (Fra)	0 pt

Reportée d'une semaine, l'opposition entre Oracle et Victory Challenge tourna court lorsque les Suédois cassèrent la drisse de leur génois.

La cinquième salve de régates a été perturbée par un vent trop faible qui a vu deux des quatre confrontations (les deux disputées au rond Juliet) être reportées. L'une se déroula le 14 octobre et permit aux Américains d'*Oracle* de remporter un succès sans gloire face à *Victory Challenge*. Victimes de la casse de la drisse de leur génois juste après le départ, les Suédois déchantèrent d'entrée et, face à leur impossibilité de réparer, disputèrent pour l'honneur les deux tours d'un combat vain. L'autre manche reportée se déroula dans la matinée du 23 octobre (jour du lancement du Round Robin 2) et permit à *Prada* d'engranger un dernier point, sans incidence au classement, face à leurs compatriotes de *Mascalzone*, déjà éliminés.
Disputées le jour initialement prévu, les confrontations du cercle Roméo ont accouché d'un résultat respectant une logique implacable. L'*Alinghi* du barreur Russell Coutts et de son tacticien Brad Butterworth a nettement devancé le *GBR Challenge* (4'33"). De leur côté, les Américains de *OneWorld* ont conservé leur invincibilité en dominant leurs compatriotes de *Stars & Stripes*, en ayant construit l'essentiel de leur succès dès le passage de la première bouée (qu'ils franchirent avec 1'57" d'avance).

Les régates du jour

OneWorld (USA) bat Stars & Stripes (USA)	1'21"
Prada (Ita) Mascalzone (Ita)	4'28"
Alinghi (CH) bat GBR Challenge (GB)	4'33"
Oracle (USA) bat Victory Challenge (Sué)	10'45"

L'homme de mat, ici celui de OneWorld est un acrobate de haute importance.

Classement

1. Alinghi (CH)	4 pts
2. Oracle (USA)	4 pts
3. Victory (Sué)	3 pts
4. OneWorld (USA)	3 pts
5. Stars & Stripes (USA)	2 pts
6. Prada (Ita)	2 pts
7. GBR Challenge (GB)	1 pt
8. Mascalzone (Ita)	0 pt
9. Le Défi (Fra)	0 pt

L'équipe de Stars & Stripes a remporté sa lutte fratricide face à OneWorld.

SUI-64

Toujours invaincu et co-leader (malgré leur point de pénalité pour espionnage), OneWorld s'est, cette fois, imposé devant Oracle.

Une fois de plus, le vent (trop faible) a allègrement perturbé cette journée de régates. Seule l'opposition entre *Prada* et *Victory Challenge* s'est déroulée jusqu'au bout. Cette opposition a retenu les spectateurs en haleine, les Italiens et les Suédois se livrant à un mano à mano de haute volée tout au long du parcours. Côte à côte pendant plus de deux tours, les deux Class America se sont départagés dans l'ultime boucle, lorsque les équipiers de Francesco de Angelis sont parvenus, grâce à une bonne bascule, à se propulser en tête.

Alors qu'ils avaient course gagnée (l'épreuve fut annulée à 750 mètres de l'arrivée, faute de vent et de temps maximum dépassé !), *Mascalzone* a subi un revers face au *GBR Challenge*. Le 14 octobre, les Anglais ont défié le vent pour dompter les Italiens et s'imposer avec habileté (et 54" d'avance). Dépossédés de leur victoire (le dernier bord ayant été bouclé en plus de 45 minutes), les Américains de *Stars & Stripes* se sont eux aussi imposés le 14 octobre en battant *Le Défi*... en trois temps ! Très tenaces, les Français leur ont tenu la dragée haute jusqu'à ce que leurs efforts soient réduits à néant par un étai cassé et une rupture de la drisse de génois. Sauvés par le gong (un vent de plus de 23 nœuds obligeant le Comité à annuler la manche), les "Bleus" n'ont pu s'aligner, une heure plus tard, au troisième départ de cette régate, victimes de leurs avaries. La nouvelle opposition entre Américains (*OneWorld* versus *Oracle*) a été animée du départ à l'arrivée, les équipiers de James Spihill se jouant avec finesse de leurs compatriotes dans les dernières encâblures.

Classement

1. Alinghi (CH)	4 pts
2. Oracle (USA)	4 pts
3. OneWorld (USA)	4 pts
4. Victory (Sué)	3 pts
5. Stars & Stripes (USA)	3 pts
6. Prada (Ita)	3 pts
7. GBR Challenge (GB)	2 pts
8. Mascalzone (Ita)	0 pt
9. Le Défi (Fra)	0 pt

Les régates du jour

OneWorld (USA) bat Oracle (USA)	0'40"
GBR Challenge (GB) bat Mascalzone (Ita)	0'54"
Prada (Ita) Victory Challenge (Sué)	2'35"
Stars & Stripes (USA) bat Le Défi (Fra)	Forfait

Malgré toute leur abnégation, les Français du Défi Areva échouent pour la sixième fois, en perdant face aux Américains d'Oracle.

Toujours aussi déconcertants de facilité, les Suisses d'Alinghi ont inscrit un 5e point, face à Stars & Stripes.

Classement

1. Alinghi (CH)	5 pts
2. Oracle (USA)	5 pts
3. OneWorld (USA)	5 pts
4. Prada (Ita)	4 pts
5. Victory (Sué)	3 pts
6. Stars & Stripes (USA)	3 pts
7. GBR Challenge (GB)	2 pts
8. Mascalzone (Ita)	0 pt
9. Le Défi (Fra)	0 pt

Composant avec une météo capricieuse, et un vent ne dépassant pas les cinq nœuds (au lieu des sept mininum requis), le Comité a décidé de repousser cette fois les régates de 24 heures. Un délai qui ne s'est guère avéré salvateur pour *Le Défi Areva* qui a échoué pour la sixième fois consécutive dans ce premier volet du Round Robin. Face aux Américains d'*Oracle*, les Français n'ont pourtant pas démérité. Après un dial-up de près de quatre minutes durant lequel ni Luc Pillot ni Peter Holmberg refusèrent de céder, les Français ont affiché une belle efficacité dans les bords portants. Mais la puissance américaine a annihilé leurs espoirs dans les autres passages et a permis à Oracle de préserver son invincibilité.
Encore plus impressionnants de facilité, les Suisses d'*Alinghi* ont irrésistiblement dominé le *Stars & Stripes*. Auteur d'un nouveau départ idyllique (qui lui permit de s'élancer avec 11 secondes d'avance), Russell Coutts a été tout aussi irréprochable le reste du parcours, naviguant plus au vent que son homolgue américain et s'imposant avec plus d'une minute d'avance. Autre course très tactique, celle opposant *Victory Challenge* à *OneWorld*. Après un départ très serré et tactique, qui lui valut de passer la ligne de départ en second, mais qui lui permit de privilégier sa place à droite, James Spithill prit l'ascendant sur le bord de près et le conserva jusqu'au bout. Plus prompt eux aussi au départ, les Anglais de *GBR* n'ont pas connu davantage de réussite que les Suédois et ont subi, impuissants, le joug du Luna Rossa de Francesco de Angelis.

Les régates du jour

Prada (Ita) bat GBR Challenge (GB)	0'22"
OneWorld (USA) bat Victory Challenge (Sué)	0'59"
Alinghi (CH) bat Stars & Stripes (USA)	1'10"
Oracle (USA) bat Le Défi (Fra)	2'52"

BMW
ORACLE
A
REVA
DEFI.COM
SA76
ORACLE
ORACLE

Round Robin *1* • *8*ème jour • *11 octobre 2002*

Le choc entre Alinghi et Oracle, les deux meilleures embarcations de ce début de festivités, s'est résumé à une démonstration helvétique.

Contrairement aux attentes, le choc opposant les deux meilleures embarcations du début de ces éliminatoires a tourné court. L'efficacité suisse a, une fois de plus, permis aux équipiers de Russel Coutts de l'emporter sans difficulté. Sorti victorieux d'une phase de départ disputée, *Alinghi* a viré en tête d'entrée et a finement manœuvré en couvrant son rival et en passant la première bouée au vent avec 32" d'avance. Un handicap qui n'a plus cessé de s'accroître par la suite, malgré l'acharnement émerite de leur huppé barreur Peter Holmberg, et qui valut à l'équipe helvétique d'infliger aux Américains leur premier échec.
Toujours invaincu, le Syndicat de Seattle a, lui, abordé sa régate face au *Défi* français avec décontraction. Au point que Peter Gilmour fit l'impasse sur cette épreuve... Assurant l'intérim, James Spithill a connu les pires difficultés à se défaire du marquage français, tant au départ qu'au passage de la première bouée (où il ne compta qu'une avance de 7 secondes). Profitant d'une petite bascule de vent favorable, *OneWorld* s'est temporairement détaché lors du bord de portant, avant de voir revenir *Le Défi Areva* dans le deuxième bord au près. Un retour qui n'a toutefois pas empêché le voilier américain de s'offrir un nouveau succès. Grâce à une excellente stratégie au départ d'Andy Beadsworth (qui contraignit les Suédois à repasser la ligne), *GBR Challenge* s'est assuré son troisième point. Très malmené jusque là, le *Stars & Stripes* de Dennis Conner a peiné pour arracher un nouveau succès, face au *Mascalzone* de Paolo Cian qui, bien que plus efficace dans le premier bord de près, s'est incliné avec plus d'une minute de retard.

Classement

1. Alinghi (CH)	6 pts
2. OneWorld (USA)	6 pts
3. Oracle (USA)	5 pts
4. Prada (Ita)	4 pts
5. Stars & Stripes (USA)	4 pts
6. Victory (Sué)	3 pts
7. GBR Challenge (GB)	3 pts
8. Mascalzone (Ita)	0 pt
9. Le Défi (Fra)	0 pt

Les régates du jour

OneWorld (USA) bat Le Défi (Fra)	0'20"
GBR Challenge (GB) bat Victory Challenge (Sué)	0'48"
Stars & Stripes (USA) bat Mascalzone (Ita)	1'36"
Alinghi (CH) bat Oracle (USA)	1'43"

alinghi
CUP

Malgré une météo souvent capricieuse,
les régates ont pu se livrer à de belles joutes
dans la baie d'Auckland.

Dans la course effrénée à la qualification, opposant les deux seuls voiliers en mal de victoire (*Mascalzone* et *Le Défi*), les Italiens ont livré un combat homérique aux Français. Mieux partis, les équipiers de Pillot et de Gellusseau menèrent durant le premier bord de près avant de céder leur avantage au premier bord de portant. Le duel entre les deux voiliers atteignit son paroxysme lors du bord de près suivant où l'on enregistra pas moins de 17 virements de bord ! Dans le troisième bord de près, les Français reprirent l'ascendant, mais une erreur tactique de la cellule arrière du *Défi* leur valut de franchir la ligne loin derrière, en ayant écopé d'une ultime pénalité. Retardé de trois quarts d'heure pour des problèmes techniques sur le voilier suédois, le bras de fer entre *Alinghi* et *Victory Challenge* a alternativement tourné en faveur des Suisses (dans les bords de près) puis des Suédois (dans les bords au portant). Malgré un spi déchiré dans le dernier bord de vent arrière, le bateau viking s'est démené et ne s'est incliné que de 25" face au leader helvétique. Déroulant avec maestria une tactique et une technique irréprochables, *OneWorld* s'est imposé logiquement face à *Prada*. Exploitant adroitement la droite du plan d'eau, James Spithill a contrôlé la course et s'est brillamment sorti d'une confrontation délicate, sanctionnée par une nouvelle victoire. Beaucoup moins attendue, la victoire des Anglais de *GBR* s'est, elle, dessinée dès la première bascule où le voilier barré par Ian Walker prit l'avantage sur *Oracle*. Bien revenu dans le deuxième bord de près, *Oracle* s'est fait surprendre dans le portant et n'a pu combler son déficit par la suite.

Classement

1. Alinghi (CH)	7 pts
2. OneWorld (USA)	7 pts
3. Oracle (USA)	5 pts
4. Prada (Ita)	4 pts
5. Stars & Stripes (USA)	4 pts
6. GBR Challenge (GB)	4 pts
7. Victory (Sué)	3 pts
8. Mascalzone (Ita)	1 pt
9. Le Défi (Fra)	0 pt

Les régates du jour

Alinghi (CH) bat Victory Challenge (Sué)	0'25"
GBR Challenge (GB) bat Oracle (USA)	0'36"
OneWorld (USA) bat Prada (Ita)	1'11"
Mascalzone (Ita) bat Le Défi (Fra)	5'19"

Face à Mascalzone, OneWorld a empoché son 8e point.

Après huit jours de repos, les neuf challengers de la Coupe Louis Vuitton ont repris le chemin des plans d'eau Juliet et Romeo. La confrontation des extrêmes entre le leader (*Alinghi*) et la lanterne rouge (*Le Défi Areva*) s'est soldée par le plus gros écart du jour (5'54"). Si la première course (parcourue en plus de 45 minutes, faute de vent) fut annulée lors du second bord, la seconde manche a été à sens unique, *Alinghi* creusant irrémédiablement l'écart, à chaque changement de vent.

Après avoir profité de la trève pour changer leur étrave, Prada a débuté le Round Robin 2 par un succès sur Oracle.

Défait par *Prada* le matin même, lors de sa régate reportée du Round Robin 1, l'équipe *Mascalzone* du barreur Paolo Cian et de son tacticien Flavio Flavini a enregistré une autre défaite, l'après-midi, face à *OneWorld*. Les Italiens ont créé la surprise en menant furtivement, durant un tour, avant qu'une bascule de vent ne sonne la charge des Américains. Ayant eu l'opportunité de changer l'étrave de leur *Luna Rossa* durant la trève, les Italiens de *Prada* ont réussi la performance du jour en disposant des Américains d'*Oracle*. Les hommes de Peter Holmberg avaient pourtant dominé le premier tour, mais un changement de vent permit ensuite à l'équipe italienne de revenir puis supplanter sa rivale. Annulée dans un premier temps, faute de vent, la confrontation entre *GBR* et *Stars & Stripes* s'est soldée par une autre surprise et une autre défaite américaine. En refusant un tribord aux Anglais dans la seconde course, les hommes de Ken Read ont écopé d'une pénalité qui facilita la victoire des Anglais.

Classement

1. Alinghi (CH)	8 pts
2. OneWorld (USA)	8 pts
3. Oracle (USA)	5 pts
4. Prada (Ita)	5 pts
5. GBR Challenge (GB)	5 pts
6. Stars & Stripes (USA)	4 pts
7. Victory (Sué)	3 pts
8. Mascalzone (Ita)	1 pt
9. Le Défi (Fra)	0 pt

Les régates du jour

GBR Challenge (GB) bat Stars & Stripes (USA)	0'46"
Prada (Ita) bat Oracle (USA)	1'55"
OneWorld (USA) bat Mascalzone (Ita)	4'01"
Alinghi (CH) bat Le Défi (Fra)	5'54"

DREAMWORKS
SKG
RLX
ONEWORLD

Battus par OneWorld lors des "matchs aller", Alinghi a pris sa revanche sur les Américains lors des "matchs retour".

Après son succès sur Oracle la veille, Prada s'est défait d'un nouveau challenger américain, Stars & Stripes.

Battus par les Américains de *OneWorld* lors du premier Round Robin, les Suisses d'*Alinghi* ont eu l'occasion de prendre leur revanche lors de cette nouvelle journée. Ce duel de titans s'est résumé à une opposition très tactique de barreurs, qui a tourné dès le départ à l'avantage de Russell Coutts, au détriment de James Spithill. Parvenant à bloquer le voilier américain, l'équipe helvétique s'est imposé avec talent, maîtrise et 27 secondes d'avance.

Poursuivant son incroyable série d'insuccès, *Le Défi Areva* a accumulé une 10e défaite, face à *Victory Challenge*. Mieux partis, les équipiers de Jesper Bank (qui naviguaient pour la première fois avec leur second bateau) ont été mis en difficulté lors du premier bord, mais ont profité d'un mauvais virement des Français pour s'échapper définitivement. Après une fin de premier Round Robin peu glorieuse (deux défaites face à *GBR* et *Prada*), *Oracle* a renoué avec le succès face à *Mascalzone*. Appelé pour remplacer Peter Holmberg (alors qu'il fut écarté par le milliardiaire de San Francisco, Larry Ellison, en février), le Néo-Zélandais Chris Dickson a observé son rival Paolo Cian lors du premier bord, avant de libérer la puissance d'*Oracle*. De son côté, *Prada* a enchaîné une deuxième victoire en trois jours, en réussissant à monopoliser la gauche du plan d'eau dès le départ et en se jouant de *Stars & Stripes* jusqu'au bout.

Classement

1. Alinghi (CH)	9 pts
2. OneWorld (USA)	8 pts
3. Oracle (USA)	6 pts
4. Prada (Ita)	6 pts
5. GBR Challenge (GB)	5 pts
6. Stars & Stripes (USA)	4 pts
7. Victory (Sué)	4 pts
8. Mascalzone (Ita)	1 pt
9. Le Défi (Fra)	0 pt

Les régates du jour

Alinghi (CH) bat OneWorld (USA)	0'27"
Prada (Ita) bat Stars & Stripes (USA)	0'41"
Victory Challenge (Sué) bat Le Défi (Fra)	1'19"
Oracle (USA) bat Mascalzone (Ita)	2'40"

Classement

1. Alinghi (CH)	10 pts
2. OneWorld (USA)	9 pts
3. Prada (Ita)	7 pts
4. Oracle (USA)	6 pts
5. GBR Challenge (GB)	5 pts
6. Victory (Sué)	5 pts
7. Stars & Stripes (USA)	4 pts
8. Mascalzone (Ita)	1 pt
9. Le Défi (Fra)	0 pt

En raison de vents trop forts sévissant sur le Golfe d'Hauraki (la limite pour régater étant fixée à 19 nœuds), les confrontations ont été reportées pendant quatre jours ! A la reprise, les équipes ont disputé des courses réduites à deux tours. Leader à la première bouée au vent pour la quatrième fois depuis le début de la compétition (les stats indiquant que cela assure 85 % une victoire à 85 % !), *Le Défi Areva* a essuyé un nouveau revers face au *Prada Challenge*. Une déchirure de la voile d'avant puis un problème de gréement ont précipité la chute des équipiers de Luc Pillot. Les Suisses d'*Alinghi* ont de leur côté passé le cap des dix victoires en disposant des Italiens de *Mascalzone Latino,* au prix d'une nouvelle démonstration, de bout en bout.

Leader au départ une fois de plus, Le Défi a cumulé les avaries et a perdu une 11e fois.

Les régates du jour

Victory Challenge (Sué) bat Stars & Stripes (USA)	0'13"
Prada (Ita) bat Le Défi (Fra)	1'04"
OneWorld (USA) bat GBR Challenge (GB)	1'05"
Alinghi (CH) bat Mascalzone (Ita)	2'11"

Barré pour la première fois par Vincenzo Onorato, Mascalzone a perdu une nouvelle régate.

Les régates du jour

GBR Challenge (GB) bat Le Défi (Fra)	0'14"
Oracle (USA) bat Stars & Stripes (USA)	0'18"
Victory Challenge (Sué) bat Mascalzone (Ita)	1'17"
Prada (Ita) bat Alinghi (CH)	Forfait

Suite à une succession d'avaries (gréement pour *Le Défi*, winch pour *Prada* et génois pour *Stars & Stripes*), une seule confrontation de la quatrième journée des "matchs retour" (*Victory* vs *Mazcalzone*) s'est déroulée le jour prévu. Virant en tête dès le début, le Class America suédois de Jesper Bank a dompté les vélléités du voilier italien barré pour la première fois, mais sans réussite, par Vincenzo Onorato lui-même.

Trois jours plus tard, les Français du *Défi* ont été tout près d'inscrire leur premier point, menant jusqu'à la deuxième bouée, avant qu'une grossière erreur tactique ne leur coûte la victoire. Reportée puis annulée, en raison de rafales de vent trop fortes (alors que les Suisses avaient cassé leur tangon), l'opposition entre *Prada* et *Alinghi* s'est soldée par une victoire, par forfait.

Classement

1. Alinghi (CH)	10 pts
2. OneWorld (USA)	9 pts
3. Prada (Ita)	8 pts
4. Oracle (USA)	7 pts
5. GBR Challenge (GB)	6 pts
6. Victory (Sué)	6 pts
7. Stars & Stripes (USA)	4 pts
8. Mascalzone (Ita)	1 pt
9. Le Défi (Fra)	0 pt

infonet
AUDEMARS PIGUET
riri
ALINGHI.COM

UBS

Les efforts des seize hommes d'équipage d'Oracle ont été récompensés par une nouvelle victoire.

Donnés avec deux heures de retard, en raison de vents violents, les départs de cette cinquième journée du Round 2 ont permis à *Alinghi* d'accroître son hégémonie. Face au *GBR Challenge*, les Suisses ont, une fois de plus, surclassé leurs rivaux, en tirant avantage de leur départ à droite pour prendre la tête, avant de dominer et de contrôler l'épreuve de bout en bout. Malgré un problème de chariot de rail de mât, les Suisses ont empoché le point de la victoire en s'imposant avec 1'26" d'avance et se sont ainsi assuré, dès le 2 novembre, veille de l'ultime affrontement, la première place finale de ce Round Robin.

L'explication fratricide entre Italiens a tourné en faveur de *Prada* qui a disposé de *Mascalzone* avec 1'42" d'avance. Après avoir pris l'ascendant au départ, grâce à une bascule à droite, *Mascalzone* a pourtant largement dominé, mais a manqué un empannage sur le dernier bord de portant. Annulées en vue de l'arrivée en raison du manque de vent, les deux autres régates se sont disputées quelques jours plus tard. Malgré un tangon cassé dans le dernier bord au vent, *Oracle* s'est imposé devant *Victory Challenge* alors que *OneWorld* a vaincu *Stars & Stripes*.

Classement

1. Alinghi (CH)	11 pts
2. OneWorld (USA)	10 pts
3. Prada (Ita)	9 pts
4. Oracle (USA)	8 pts
5. GBR Challenge (GB)	6 pts
6. Victory (Sué)	6 pts
7. Stars & Stripes (USA)	4 pts
8. Mascalzone (Ita)	1 pt
9. Le Défi (Fra)	0 pt

Les régates du jour

Oracle (USA) bat Victory Challenge (Sué)	0'43"
OneWorld (USA) bat Stars & Stripes (USA)	1'19"
Alinghi (CH) bat GBR Challenge (GB)	1'26"
Prada (Ita) bat Mascalzone (Ita)	1'42"

Devenu irrésistible depuis le début du Round Robin 2, Prada a accroché un nouveau point, pour dix petites secondes.

Malgré une pénalité, Oracle a disposé de OneWorld et s'est replacé au classement.

Suite aux différents reports, la sixième journée "retour" s'est déroulée le matin, en prélude à la septième manche programmée l'après-midi. Malgré un départ difficile, et un retard de 6 secondes sur la ligne, les Français du *Défi* se sont démenés pour rester dans le sillage des Américains de *Stars & Stripes*. Une erreur stratégique lors du second bord de près leur a coûté un handicap qui, lors des quatre virements de bord suivants, ne fit que s'accentuer de manière irrémédiable.
Bien qu'ayant débarqué son barreur Paolo Cian au profit de Flavio Favini (qui barrait un Class America pour la première fois en course), le *Mascalzone Latino* n'a pu faire face au *GBR* qu'au départ. Le *Wight Lightning* a ensuite rapidement pris le dessus et enroulé toutes les bouées en tête, finissant la régate avec 1'40" d'avance. Beaucoup plus ouverte, l'opposition entre le *Luna Rossa* de Francesco de Angelis et l'*Orm* de Jesper Bank a été plus haletante. Ayant pris l'ascendant à la seconde bouée sous le vent, les Suédois n'ont concédé la tête que dans le dernier bord, en ayant perdu une guerre d'empannage très intense. La nouvelle cellule arrière d'*Oracle* (composée du skipper Chris Dickson et du tacticien Peter Holmberg) a débuté par une pénalité infligée pour avoir touché son rival avec sa jupe arrière. Une pénalité qui n'a toutefois pas porté à conséquence puisque *OneWorld* dut empanner pour passer la ligne de départ. De fructueuses bascules à gauche ont ensuite permis à *Oracle* de distancer leur adversaire et de l'emporter, en ayant eu le temps de purger sa pénalité.

Victory Challenge s'est incliné pour une poignée de secondes face à Prada...

Classement

1. Alinghi (CH)	11 pts
2. OneWorld (USA)	10 pts
3. Prada (Ita)	10 pts
4. Oracle (USA)	9 pts
5. GBR Challenge (GB)	7 pts
6. Victory (Sué)	6 pts
7. Stars & Stripes (USA)	5 pts
8. Mascalzone (Ita)	1 pt
9. Le Défi (Fra)	0 pt

Les régates du jour

Prada (Ita) Victory Challenge (Sué)	0'10"
Oracle (USA) bat OneWorld (USA)	0'40"
Stars & Stripes (USA) bat Le Défi (Fra)	1'12"
GBR Challenge (GB) bat Mascalzone (Ita)	1'40"

ITA 74
ITA 74
PRADA

Les Américains de Stars & Stripes n'ont rien pu faire face à l'ogre Alinghi.

Rarement une régate a été à ce point en sens unique... Au paroxysme de leur talent, les équipiers d'*Alinghi* ont éclipsé leurs rivaux de *Stars & Stripes*. Après un dial up de trois minutes face au vent, Russell Coutts surprit Ken Read au prix d'une somptueuse manœuvre et permit au SUIi-64 de couper la ligne avec 10 secondes d'avance ! Maîtrisant son sujet et son adversaire, les Suisses se sont envolés sans difficulté vers un nouveau succès et ont franchi la ligne avec 1'17" d'avance sur des Américains désemparés et impuissants.
Reportée au 3 novembre suite à une fuite du réservoir hydraulique survenue sur le FRA-69, la régate entre *Oracle* et *Le Défi* s'acheva, sans surprise, par la victoire des Américains. Alors qu'ils avaient arraché la veille leur qualification (en battant *Mascalzone*), les Français ne purent contrer la supériorité des hommes de Peter Holmberg qui usèrent d'un départ tonitruant et d'un changement de vent pour s'échapper et creuser rapidement un écart (1'02") qui s'avéra décisif. Très explosive, la confrontation entre *Prada* et *GBR* s'est résumée à un duel bord à bord, pendant deux boucles, jusqu'à ce que les Italiens ne profitent du vent pour se détacher et l'emporter, malgré des pavillons de réclamation. Victoire très serrée également de *OneWorld*, face à *Victory*.

Classement

1. Alinghi (CH)	12 pts
2. OneWorld (USA)	11 pts
3. Prada (Ita)	11 pts
4. Oracle (USA)	10 pts
5. GBR Challenge (GB)	7 pts
6. Victory (Sué)	6 pts
7. Stars & Stripes (USA)	5 pts
8. Mascalzone (Ita)	1 pt
9. Le Défi (Fra)	0 pt

Les régates du jour

Prada (Ita) GBR Challenge (GB)	0'16"
OneWorld (USA) bat Victory Challenge (Sué)	0'21"
Oracle (USA) bat Le Défi (Fra)	1'07"
Alinghi (CH) bat Stars & Stripes (USA)	1'17"

Le Stars & Stripes du célèbre Dennis Conner a poursuivi sa route avec un succès face à Mascalzone.

Très attendue, mais de plus en plus inespérée, la première victoire du *Défi Areva* est tombée au moment le plus incertain, face à *OneWorld*. Profitant de la mise au repos des barreurs titulaires James Spithill et Peter Gilmour, Kelvin Harrap a assuré un intérim infructueux, en positionnant d'entrée l'USA-65 deux secondes derrière le FRA-69. Un chassé-croisé s'est alors engagé jusqu'à ce qu'une priorité n'oblige les équipiers de Luc Pillot à concéder leur leadership. Mais, alors qu'ils possédaient une demi-minute d'avance à mi-parcours, les Américains ont déchanté en voyant leur spi tomber à la mer et se prendre dans le safran. Profitant de l'incident, les Français se sont portés à nouveau en tête et l'ont conservée jusqu'à la fin.
Dans un match autrement plus acharné, *Oracle* a mis à mal la domination d'*Alinghi*. Le Syndicat de San Francisco a pris la tête dès le départ, mais une erreur de marquage lors du deuxième tour a permis au voilier suisse de se replacer puis de le doubler dans le dernier bord de vent arrière. A l'amorce de l'ultime bouée, les deux bateaux firent tribord amure, mais USA-76 déventa et souffla la victoire.

Classement

1. Alinghi (CH)	12 pts
2. OneWorld (USA)	11 pts
3. Prada (Ita)	11 pts
4. Oracle (USA)	11 pts
5. GBR Challenge (GB)	7 pts
6. Victory (Sué)	7 pts
7. Stars & Stripes (USA)	6 pts
8. Mascalzone (Ita)	1 pt
9. Le Défi (Fra)	1 pt

Les régates du jour

Oracle (USA) bat Alinghi (CH)	0'04"
Le Défi (Fra) bat OneWorld (USA)	0'57"
Victory Challenge (Sué) bat GB Challenge (GB)	1'01"
Stars & Stripes (USA) bat Mascalzone (Ita)	1'09"

Le dernier billet qualificatif est finalement tombé dans l'escarcelle du Défi Areva, victorieux de Mascalzone.

Dernière manche du Round Robin, cette journée a été marquée avant tout par la rencontre entre *Mascalzone* et *Le Défi*, dont l'enjeu était l'octroi du dernier billet qualificatif pour les quarts de finale. Retardé de vingt minutes suite à une bascule du vent, cette opposition sous haute tension a vu les Français de FRA-69 virer de bord très rapidement et se placer brillamment au vent d'ITA-72, avant d'enrouler la première bouée avec 28 secondes d'avance. Malgré de nombreux virements de bord stratégiques, Flavio Favini et Paolo Cian n'ont pu endiguer l'hégémonie des Français qui les ont contrés en réalisant 17 virements... en 18 minutes !

La belle série de victoires de *Prada* a subi un coup d'arrêt face au *OneWorld* du skipper Peter Gilmour et de son barreur James Spithill. Partis à droite, les Italiens ont pris la tête grâce à une bascule de vent, avant de la perdre et de se faire définitivement distancer, avant même la première bouée. Toujours aussi souverain, le skipper Russell Coutts a offert à *Alinghi* un 13e succès, en se plaçant d'entrée à droite puis en creusant un écart substantiel dès le premier bord de près. Piégé d'entrée, le *GBR* d'Andy Beadsworth n'a concédé qu'une pénalité et deux longueurs de retard à l'*Oracle* qui se détacha irrésistiblement.

Classement

1. Alinghi (CH)	13 pts
2. Oracle (USA)	12 pts
3. OneWorld (USA)	12 pts
4. Prada (Ita)	11 pts
5. Victory (Sué)	7 pts
6. GBR Challenge (GB)	7 pts
7. Stars & Stripes (USA)	6 pts
8. Le Défi (Fra)	2 pts
9. Mascalzone (Ita)	1 pt

Les régates du jour

Alinghi (CH) bat Victory Challenge (Sué)	0'29"
OneWorld (USA) bat Prada (Ita)	0'54"
Le Défi (Fra) bat Mascalzone (Ita)	1'10"
Oracle (USA) bat GBR Challenge (GB)	2'00"

infonet
ALINGHI.COM
AUDEMARS PIGUET

PROTECTOR
PRADA
PRADA

infonet
UBS

Le bras de fer stratégique entre Victory Challenge et Le Défi Areva a tourné à l'avantage des Suédois.

Deuxième phase des éliminatoires de la Coupe Louis Vuitton, les quarts de finale ont débuté avec une journée de retard, suite à des rafales de vent trop violentes (plus de 30 nœuds) dans le Golfe d'Hauraki. Dans le groupe baptisé "Double Chance" (dont les deux perdants seront repêchés) regroupant les quatre premiers des Round Robin, *Alinghi* a connu une première manche délicate face à son adversaire désigné (et désiré), *Prada*. Leader avec dix secondes d'avance à la première bouée, l'équipe de Russell Coutts a été malmenée au portant par des Italiens très rapides. Mais ceux-ci allaient commettre la maladresse de toucher la jupe du SUI-64 et écoper d'une pénalité. La seconde confrontation du "Double Chance", entre les Américains *Oracle* et *OneWorld* a d'entrée tourné à l'avantage des hommes de Chris Dickson et de Peter Holmberg. Passée en tête au premier vent arrière, au prix d'un empannage qui devait d'ailleurs lui couter une pénalité, l'équipe de James Spithill a dominé jusqu'à la dernière bouée, avant d'observer leur pénalité, fatale.

Dans la poule "Single Chance", les Français du *Défi Areva* ont résisté aux Suédois de *Victory Challenge* jusqu'au deux tiers du parcours. Mais une meilleure stratégie de *l'Orm* a contraint le FRA-69 à effectuer deux virements de bord qui leur fit perdre définitivement le contact. En subissant deux lofs durant la procédure de départ, le nouveau *Stars & Stripes* (USA-77) a débuté son duel face aux Anglais de *GBR Challenge* en écopant d'une pénalité. Apparemment plus rapide, le voilier américain a mené l'essentiel de la manche, mais une bascule efficace au passage de la dernière bouée a permis au bateau britannique de virer en tête et de s'imposer.

Quarts de finale

Alinghi (CH)	1
Prada (Ita)	0
Oracle (USA)	1
OneWorld (USA)	0
GBR Challenge (GB)	1
Stars & Stripes (USA)	0
Victory Challenge (Sué)	1
Le Défi (Fra)	0

Les régates du jour

Oracle (USA) bat OneWorld (USA)	0'12"
GBR Challenge (GB) bat Stars & Stripes (USA)	1'00"
Alinghi (CH) bat Prada (Ita)	1'18"
Victory Challenge (Sué) bat Le Défi (Fra)	2'03"

SWE 73
ELE2
A 69

SUI-64
infonet
AUDEMARS PIGUET
riri
ALINGHI.COM
UBS
PRADA
PRADA

Quarts de finale

Alinghi (CH)	2
Prada (Ita)	0
Oracle (USA)	2
OneWorld (USA)	0
GBR Challenge (GB)	1
Stars & Stripes (USA)	1
Victory Challenge (Sué)	2
Le Défi (Fra)	0

Une fois de plus, Alinghi et Prada se sont marqués de près durant leur régate.

Comme l'avait laissé entrevoir leur première explication, la lutte entre *Alinghi* et *Prada* s'est jouée à peu de choses. Très à l'aise au portant, les Italiens de Francesco de Angelis ont démontré une plus grande vélocité sur les trois bords de vent arrière. Mais, plus à leur avantage lors des trois bords de près, les Suisses de Russell Coutts sont parvenus à contenir leur assaillant et ont obtenu leur second succès. Le bras de fer entre les Américains d'*Oracle* et de *OneWorld* a de nouveau tourné en faveur du Syndicat de San Francisco. Le Class America de Peter Gilmour n'a pu se déjouer du voilier de Chris Dickson et de Peter Holmberg qui a dominé sans relâche et s'est imposé, malgré la casse de son tangon dans le dernier bord de près.

Du côté du "Single Chance", *Victory Challenge* a encore dominé *Le Défi Areva*. Même si Philippe Presti a contraint Jesper Bank à effectuer deux virements avant le coup de canon initial, les Français n'ont pas soutenu le rythme de leurs rivaux, dans les virements et les empannages. Seule équipe à avoir su inverser la tendance, le team de Dennis Conner a remporté sa manche face à *GBR*, en ayant mieux su exploiter les variations de vent.

Les régates du jour

Alinghi (CH) bat Prada (Ita)	0'08"
Oracle (USA) bat OneWorld (USA)	0'17"
Victory Challenge (Sué) bat Le Défi (Fra)	1'10"
Stars & Stripes (USA) bat GBR Challenge (GB)	1'17"

Le Stars & Stripes a su inverser la tendance pour l'emporter face à GBR Challenge.

Quarts de finale

Alinghi (CH)	3
Prada (Ita)	0
Oracle (USA)	3
OneWorld (USA)	0
GBR Challenge (GB)	1
Stars & Stripes (USA)	2
Victory Challenge (Sué)	3
Le Défi (Fra)	0

Malgré tout leur acharnement, le *Prada Challenge* s'est incliné à nouveau de justesse face à l'irrésistible *Alinghi*. Plus forts au près, les Suisses ont maîtrisé leur sujet, même s'ils n'ont pu se détacher de leur coriace adversaire, qui mena même furtivement, en profitant d'une mauvaise manœuvre suisse (lorsque le spi passa sous l'étrave). Repassé en tête juste avant le dernier bord, le SUI-64 a supplanté *Luna Rossa* pour huit secondes, tout comme lors de la régate précédente ! Tout comme *Alinghi*, *Oracle* (qui s'est imposé avec maîtrise face à *OneWorld*) et *Victory* (qui a profité d'une rafale de vent pour, d'entrée, prendre une demi-minute au *Défi Areva*), *Stars & Stripes* a réitéré sa performance de la veille en se détachant rapidement, grâce à de bonnes bascules de vent.

Cette fois encore, Alinghi est sorti victorieux face à Prada, mais de justesse.

Les régates du jour

Alinghi (CH) bat Prada (Ita)	0'08"
Oracle (USA) bat OneWorld (USA)	0'19"
Victory Challenge (Sué) bat Le Défi (Fra)	1'12"
Stars & Stripes (USA) bat GBR Challenge (GB)	2'10"

Une nouvelle défaite a précipité OneWorld vers les repêchages.

Les régates du jour

Oracle (USA) bat OneWorld (USA)	0'33"
Le Défi (Fra) bat Victory Challenge (Sué)	0'34"
Stars & Stripes (USA) bat GBR Challenge (GB)	0'34"
Alinghi (CH) bat Prada (Ita)	Forfait

Disputés au meilleur des sept manches, les quarts de finale ont dévoilé dès ce quatrième affrontement deux qualifiés, dans le "Double Chance". *Alinghi* tout d'abord, qui s'est qualifié sans régater, le Syndicat italien ayant fait savoir qu'il préférait se réserver pour les repêchages. Et *Oracle* ensuite, qui a poursuivi son impressionnante série d'invincibilité (Chris Dickson ayant engrangé une 11e victoire consécutive !), en exploitant à nouveau sa vitesse pour vaincre *OneWorld* (qui ne comptait pas sur la présence de son habituel skipper Peter Gilmour, laissé au repos). Du côté des "Single Chance", aucune équipe n'a pu anticiper sa qualification. *Le Défi Areva* a décroché un premier succès face à *Victory Challenge*. Malgré l'avènement du barreur Ian Walker, *GBR* s'est incliné en étant éclipsé fatalement au départ.

Quarts de finale

Alinghi (CH)	4
Prada (Ita)	0
Oracle (USA)	4
OneWorld (USA)	0
GBR Challenge (GB)	1
Stars & Stripes (USA)	3
Victory Challenge (Sué)	3
Le Défi (Fra)	1

Une ultime défaite a précipité la chute du Défi Areva, définitivement éliminé de la compétition.

La cinquième journée des quarts de finale a révélé les noms des deux derniers qualifiés directs pour les demi-finales. Après avoir fait illusion au départ, grâce à une manœuvre efficace de Philippe Presti qui permit au *Défi* de rivaliser avec l'*Orm* de Jesper Bank (de retour à la barre), *Le Défi Areva a* progressivement perdu pied. Dépassés tactiquement, les Français ont peiné et ont connu différents soucis techniques (de pataras et de drisse de spi notamment) qui ont facilité la tâche aux Suédois. Relégué à 33" à la première bouée, le Class America de l'UNCL a compté 43" de retard à la deuxième, puis 52" à la troisième, 1'37" à la quatrième, 2'14" à la cinquième et enfin 2'34" sur la ligne d'arrivée. Une défaite, la 18e en 21 régates, qui a sonné le glas du voilier français. *"Nous nous sommes trompés en pensant qu'en neuf mois nous pouvions rattraper le retard"* concéda Pierre Mas, directeur sportif du clan tricolore. *"Nos limites ont été financières, techniques et sportives"* avoua Jean-Luc Gellusseau, tacticien du FRA-69. *"Le niveau des challengers était beaucoup plus élevé que ce à quoi nous nous attendions. Il aurait fallu naviguer plus longtemps avant la compétition, sur le plan d'eau et s'entraîner avec la concurrence pour nous rendre compte des axes de travail à développer".*

Bien élancé, le *Stars & Stripes* de Ken Read a pris l'ascendant sur le *GBR Challenge* de Ian Walker dès les premiers mètres de course et, en privilégiant le côté droit du plan d'eau, a atteint la première bouée avec 42" d'avance. Un pécule qu'ils ont su gérer jusqu'au bout, en conservant leur position à droite et en reléguant finalement les Anglais à 1'42".

En privilégiant le côté droit du plan d''eau dès le départ, Stars & Stripes a facilement assuré sa qualification, aux dépens de GBR.

Les régates du jour

Stars & Stripes (USA) bat GBR Challenge (GB)	1'42"
Victory Challenge (Sué) bat Le Défi (Fra)	2'34"
Alinghi (CH) - Prada (Ita)	-
Oracle (USA) - OneWorld (USA)	-

Quarts de finale

Alinghi (CH)	4
Prada (Ita)	0
Oracle (USA)	4
OneWorld (USA)	0
GBR Challenge (GB)	1
Stars & Stripes (USA)	4
Victory Challenge (Sué)	4
Le Défi (Fra)	1

FRA 69
AREVA

Eloignés des compétitions pendant trois jours, les quatre concurrents repêchés des quarts de finale (deux du groupe "Double Chance" et deux du groupe "Single Chance") se sont expliqués lors de quatre match-races épiques qui furent marqués par la prédominance de deux voiliers : *OneWorld* et *Prada*.

Face au voilier du New York Yacht Club, le Syndicat de Seattle a fait mouche lors de ses quatre régates, en affichant un exceptionnel potentiel dès la première, lorsqu'il utilisa par exemple les incessantes bascules de vent pour gagner 500 mètres en 5 minutes ! Malgré un bon départ lors de la 3e confrontation, Ken Read n'a pu impulser à *Stars & Stripes* une stratégie payante pour rivaliser avec le voilier de James Spithill, qui mena de bout en bout, tout comme le lendemain, lors de la quatrième et dernière opposition. De son côté, *Prada* n'a pas fait davantage de détails face à *Victory Challenge*, en exploitant une vitesse supérieure pour s'imposer. Plus rapide au près, le voilier de Francesco de Angelis a géré le retour du Class America de Jesper Bank au portant pour le coiffer à chaque fois sur la ligne d'arrivée. Un tangon cassé et une pénalité dans la 3e régate ont annihilé un peu plus les espoirs des Suédois qui, dans la 4e et dernière, n'ont pu contrer la gestion tactique des Italiens.

Demi-finales

Repêchages

OneWorld (USA) 4
Stars & Stripes (USA) 0
1-0. 1'16" d'avance
2-0. 1'50" d'avance
3-0. 1'02" d'avance
4-0. 1'00" d'avance

Prada (Ita) 4
Victory Challenge (Sué) 0
1-0. 1'31" d'avance
2-0. 1'23" d'avance
3-0. 0'51" d'avance
4-0. 1'37" d'avance

L'efficacité de Prada (ici illustrée par Simone de Mari et Paolo Bassini) a fait merveille face à Victory.

ace group
manugistics NAUTICA
Airgas
CITIZEN
NEWPORT
VIAGRA
(sildenafil citrate)

S PIGUET

ALINGH

techtv
LINCOLN
SAIC
An Employee-Owned Company
ICO
NEXTEL
RLX POLO SPORT
DREAMWORKS
ICO
ONEWORLD
LINCOLN
techtv
SAIC
NEXTEL
ADA
LUNA ROSSA

Demi-finales

Alinghi (CH)	1
Oracle (USA)	0
OneWorld (USA)	0
Prada (Ita)	0

Pénalisé à nouveau d'un point au début de ce tour, OneWorld a refait d'entrée son retard face à Prada.

Repoussées d'une journée en raison de vents trop forts, les premières joutes des demi-finales se sont déroulés le 10 décembre. Dans les deux cas, elles ont accouché de combats ardus et indécis. Dans son duel face à *Oracle*, *Alinghi* s'est adjugé le côté droit du plan d'eau et a eu les moyens de forcer rapidement sa cadence. Après avoir résisté au cours du premier tour (15″ à la deuxième marque), le voilier de Peter Holmberg a perdu pied progressivement (41″ à la troisième bouée) et n'a pu soutenir la comparaison avec son homologue Russell Coutts, bien épaulé par son tacticien Brad Butteworth.

Pénalisés d'un point avant même le début de sa demi-finale (suite à l'affaire des données architecturales subtilisées au team NZ), les équipiers de *OneWorld* ont immédiatement refait leur handicap en inhibant les ardeurs italiennes de *Prada*. Après un départ exceptionnel insufflé par Rod Davis (qui bloqua James Spithill sur la droite), le Syndicat italien a contenu le retour de son rival jusqu'à ce lof audacieux qui s'avéra périlleux et qui coûta à la fois la casse du tangon et la déchirure du spi. Victime de la même avarie sur son spinnaker, *OneWorld* a malgré tout contrôlé sans souci la fin d'épreuve.

Les régates du jour

OneWorld (USA) bat Prada (Ita)	0'47″
Alinghi (CH) bat Oracle (USA)	1'11″

Un lof audacieux a coûté la casse du tangon, la déchirure du spi et la victoire à Prada.

Demi-finales • 2ème jour • *11 décembre 2002*

Demi-finales

Alinghi (CH)	2
Oracle (USA)	0
OneWorld (USA)	0
Prada (Ita)	1

Disputés dans des conditions optimales selon le règlement (avec un vent compris entre 8 et 12 nœuds), cette deuxième journée des demi-finales a apporté un nouveau succès au Syndicat suisse. Dans sa confrontation avec *Oracle*, *Alinghi* a fait honneur à son rang de favori et a despotiquement imposé son rythme tout au long de la manche. Bénéficiant d'une meilleure vitesse au près et d'une osmose efficiente, l'équipe de Russell Coutts a eu une emprise totale sur son adversaire, en l'étouffant au gré des bascules de vent et en l'emportant avec rigueur, efficacité et une marge de 29 secondes (peu à l'image de sa nette domination).

Guère mieux loti, l'autre équipage américain (*OneWorld*) a quitté lui aussi le plan d'eau avec une défaite, face à *Prada*. Visiblement partis pour accrocher un nouveau point, les hommes de Seattle ont damé le pion aux Italiens, en exploitant mieux un vent très changeant. Mais deux maladresses stratégiques des Américains ont permis à *Prada* de bénéficier dans le dernier bord de deux bascules de vent suffisantes pour le catapulter in extremis en tête et décrocher la victoire, avec opportunisme.

Malgré le talent de son tacticien Tommaso Chieffi, Oracle a essuyé un nouveau revers face à Alinghi.

Les régates du jour

Prada (Ita) bat OneWorld (USA)	0'20"
Alinghi (CH) bat Oracle (USA)	0'29"

USA76
ORACLE
SUI-64
infonet

Demi-finales

Alinghi (CH)	3
Oracle (USA)	0
OneWorld (USA)	1
Prada (Ita)	1

Pour tenter de contester la domination léonine d'*Alinghi*, la cellule arrière d'*Oracle* a été modifiée à l'aube de cette troisième confrontation. Le barreur Peter Holmberg a cédé sa place à Chris Dickson. Et, comme espéré, l'opposition des deux barreurs néo-zélandais (Dickson pour *Oracle*, Coutts pour *Alinghi*) a tenu toutes ses promesses. Le voilier américain boucla les deux premiers tours en tête, sous la menace permanente du bateau helvétique qui profita d'une absence de marquage dans le troisième bord de près pour virer en tête et s'octroyer un troisième succès.

Le duel entre *Prada* et *OneWorld* a tourné en faveur du voilier italien durant le premier bord. Mais une mauvaise manœuvre de l'Italien et une pénalité lui ôta tout espoir de succès.

Opposé à son compatriote Dickson, Coutts a barré Alinghi vers un troisième succès face à Oracle.

Les régates du jour

Alinghi (CH) bat Oracle (USA)	0'29"
OneWorld (USA) bat Prada (Ita)	0'33"

Deux défaites en l'espace d'une journée ont remis en cause les ambitions de Prada et de De Angelis.

Les régates du jour

Alinghi (CH) bat Oracle (USA)	0'48"
OneWorld (USA) bat Prada (Ita)	0'58"
OneWorld (USA) bat Prada (Ita)	2'32"

Victimes de vents oscillant entre 20 et 25 nœuds, les concurrents ont dû rester à terre lors des quatrièmes régates prévues le... vendredi 13 ! Ils patientèrent deux jours, avant de retrouver le chemin du plan d'eau, le 16 décembre. Cette attente n'altéra en rien l'excellence d'*Alinghi* qui s'est assuré son quatrième succès consécutif face à *Oracle* et sa place en finale de la Coupe Louis Vuitton.

L'autre voilier américain a connu plus de réussite en disposant deux fois de *Prada* dans la même journée. Dans la régate du matin, disputée sur deux tours, le Syndicat de Seattle s'est imposé avec 58" d'avance sur le voilier milanais. L'après-midi, les équipiers de Patrizio Bertelli déchantèrent en s'inclinant lourdement, sans avoir pu suivre la cadence de *OneWorld*.

Demi-finales

Alinghi (CH)	4
Oracle (USA)	0
OneWorld (USA)	3
Prada (Ita)	1

USA67
ITA 74
PRADA
PRADA

17 décembre 2002 · 6ème jour · Demi-finales

Des conditions météorologiques trop capricieuses ont empêché Prada de défendre toutes leurs chances.

Menés 3-1 à l'amorce de cette ultime journée de demi-finales (où ils devaient disputer leurs deux dernières régates), les Italiens de *Prada* n'ont pu défendre leurs dernières chances de qualification jusqu'au bout. Trop capricieuse, la météo néo-zélandaise a amené le Comité de Course (CORM) à repousser l'heure du premier départ de la journée, faute de vent... Cette longue et insoutenable attente a pris fin peu avant 16 heures, délai fatidique pour lancer une régate. Les Américains de *OneWorld* se sont alors lancés en toute décontraction dans cet affrontement, en ayant d'ores et déjà la certitude de disputer le repêchage face à *Oracle*.
Disputée sans enjeu, cette épreuve marquera à jamais l'histoire par son résultat surprenant (victoire de *Prada* avec 17'36" d'avance !) dû au manque patent de vent. Parti difficilement malgré la titularisation inédite de Gavin Brady (à la place de Rod Davis pour diriger les phases de départ), *Prada* retrouva son efficacité avec Francesco de Angelis et d'excellents virements de bord, avant qu'un total manque de vent durant le dernier bord n'immobilise les deux concurrents... Le Syndicat milanais parviendra à repartir avant son duettiste (qui restera bloqué près de 10 minutes) et à l'emporter très aisément !

Les régates du jour

Prada (Ita) bat OneWorld (USA)	17'36"
OneWorld (USA) - Prada (Ita)	Annulée

Demi-finales

Alinghi (CH)	4
Oracle (USA)	0
OneWorld (USA)	3
Prada (Ita)	2

Condamné à débuter la moindre de ses phases éliminatoires avec un handicap d'une victoire (en raison de son affaire avec le team NZ), *OneWorld* a soutenu la comparaison autant qu'il l'a pu dans son opposition fratricide avec *Oracle*, lors des repêchages des demi-finales.

Lors de la première régate, l'équipe de Peter Gilmour et de James Spithill a donné une belle réplique dans un bal impressionnant et incessant de virements de bord (26 en une demi-heure !) qui a tourné, à l'avantage des prosélytes de Chris Dickson et de Peter Holmberg, qui prirent quatre minutes dans le dernier bord, en profitant du pari désastreux du gybe set de leurs rivaux. Lors de la deuxième manche, *OneWorld* a été plus pressant dans le dernier bord, mais s'est incliné à nouveau, pour trois petites secondes (soit 13 mètres). La troisième épreuve a été encore plus cauchemardesque puisque Peter Gilmour et James Spithill écopèrent d'une pénalité durant la procédure de départ pour avoir empêché *Oracle* de lofer. Pire, dans la confusion, ils coupèrent la ligne avant le coup de canon et durent la franchir une seconde fois ! Distancé durant une bonne partie de la quatrième régate, *Oracle* a su profiter des erreurs tactiques de ses poursuivants pour réaliser le Grand Chelem et abréger les souffrance de *OneWorld*.

Demi-finales
Repêchages

Oracle (USA)	4
OneWorld (USA)	-1

1-0. 4'08" d'avance
2-0. 0'03" d'avance
3-0. 0'55" d'avance
4-0. 1'04" d'avance

Contrairement au score à sens unique, OneWorld a donné une belle réplique à Oracle.

RLX POLO SPORT
ONEWORLD
NEXTEL

CUP
alinghi
alinghi

CUP

Après son 4-0 en demi-finale, Alinghi a préservé son invincibilité face à Oracle dans la Coupe Louis Vuitton.

Tout comme lors des demi-finales, les efforts de Peter Holmberg ont été vains face à Alinghi.

Finale Coupe Louis Vuitton

Alinghi (CH)	1
Oracle (USA)	0

« Notre bateau est toujours aussi bien réglé, alors que les conditions d'aujourd'hui étaient très changeantes et que nous avions de la mer. C'est peut-être l'un de nos avantages sur Oracle. »

Christian Karcher
(wincheur)

Météo : Couvert (averses), vent de nord, 15 noeuds

Alinghi
D. Phipps, C. Blewett, F. Rapetti, J. Belsky, E. De Maria, J. Barnitt, S. Daubney, R. Bouzaid, C. Karcher, M. Jones, W. Fleury, P. Van Nieuwenhuyzen, J. Schuemann, E. Bertarelli, B. Butterworth, R. Coutts

Oracle
G. Shaver, B. Bates, D. Brooke, M. Smith, M. McTeigue, M. Welling, B. McInnes, R. Naismith, B. Wylie, C. Dunn, M. Sanderson, E. Doyle, T. Chieffi, I. Burns, P. Holmberg, C. Dickson (17e homme : L. Ellison)

Objet de toutes les attentions et de toutes les tensions, la très attendue finale de la Coupe Louis Vuitton a été marquée avant son coup d'envoi par deux éléments extra-sportifs. Le premier fut l'annonce par le Syndicat Suisse que les membres de l'équipe d'*Alinghi* avaient reçu deux lettres de menaces (corporelle notamment) et qu'une enquête policière avait été ouverte pour la circonstance. Le second fut que des vents trop violents (soufflant jusqu'à 30 nœuds) retardèrent de 24 heures la première régate. Et, après quatre semaines de repos forcé, les deux derniers challengers purent enfin reprendre la compétition.
Auteur d'un cinglant 4-0 au tour précédent, les Suisses d'*Alinghi* ont infligé une nouvelle correction aux Américains d'*Oracle* qui se présentaient à nouveau sur leur chemin, à ce stade ultime de la Coupe Louis Vuitton, après leur tour victorieux par les repêchages. Malgré un bon départ, qui leur a permis de souffler le côté tribord (droite), plus favorable, à leurs rivaux, les équipiers de Peter Holmberg n'ont pu contenir le retour irrésistible des hommes de Russell Coutts qui ont viré en tête avant la première marque et ont su conserver leur avantage jusqu'au bout.

La régate du jour

Alinghi (CH)
bat Oracle (USA)

Départ : ***Alinghi*** (+ 3″)
Marque 1 : ***Alinghi*** (+ 47″)
Marque 2 : ***Alinghi*** (+ 1′23″)
Marque 3 : ***Alinghi*** (+ 1′18″)
Marque 4 : ***Alinghi*** (+ 1′07″)
Marque 5 : ***Alinghi*** (+ 1′36″)
Arrivée : ***Alinghi*** (+ 1′24″)

SUI-64
Infonet

Dominateurs, maîtres de leur sujet, les équipiers d'Alinghi n'ont pas tremblé dans ce deuxième volet de la Coupe Louis Vuitton.

Russell Coutts et Brad Butterworth (tout sourire) ont accroché un 7e succès en 8 régates face à Oracle !

De manière toujours aussi despotique, *Alinghi* s'est à nouveau joué d'*Oracle*, toujours aussi déterminé mais impuissant pour enrayer les rouages de cette terrible et précise horloge suisse. Tout comme lors de la première régate, l'équipage cosmopolite du Syndicat helvétique a contourné toutes les bouées en tête et a remporté une nouvelle victoire (la 7e en 8 matchs face à *Oracle* !) sans réellement sourciller.
Si le départ s'est, cette fois, avéré équilibré, *Alinghi a* d'entrée pris l'initiative en passant sous le vent d'*Oracle* et en le forçant à virer de bord. Malgré les bonnes dispositions dévoilées avec le vent arrière, qui leur permit de combler à chaque fois une partie de leur handicap, les équipiers de Peter Holmberg n'ont pu revenir à la hauteur des hommes de Russell Coutts et de son tacticien Brad Butterworth, trop maîtres de leur sujet pour se faire surprendre. Une fâcheuse maladresse a même valu à l'USA-76 de briser leur tangon et de perdre leur spi au franchissement de la première bouée sous le vent. Malgré un dixième et ultime empannage un peu cafouillé, les Suisses ont franchi la ligne d'arrivée avec 40" secondes d'avance.

« Tactiquement parlant, nous nous sommes placés exactement où nous le souhaitions. Nous avons navigué sans commettre de faute majeure et, si notre erreur sur la fin du parcours nous a retardé pour empanner, cela ne nous a rien coûté. »

Jochen Schuemann
(stratège)

Finale Coupe Louis Vuitton

Alinghi (CH)	2
Oracle (USA)	0

La régate du jour

Alinghi (CH)
bat Oracle (USA)

Départ : ex-æquo
Marque 1 : ***Alinghi*** (+ 26")
Marque 2 : ***Alinghi*** (+ 19")
Marque 3 : ***Alinghi*** (+ 52")
Marque 4 : ***Alinghi*** (+ 31")
Marque 5 : ***Alinghi*** (+ 48")
Arrivée : ***Alinghi*** (+ 40")

Météo : Couvert, vent de sud, 10-20 noeuds

Alinghi
D. Phipps, C. Blewett, F. Rapetti, J. Belsky, E. De Maria, J. Barnitt, S. Daubney, R. Bouzaid, C. Karcher, M. Jones, W. Fleury, P. Van Nieuwenhuyzen, J. Schuemann, E. Bertarelli, B. Butterworth, R. Coutts.

Oracle
G. Shaver, B. Bates, D. Brooke, M. Smith, M. McTeigue, M. Welling, B. McInnes, R. Naismith, B. Wylie, C. Dunn, M. Sanderson, E. Doyle, T. Chieffi, I. Burns, P. Holmberg, C. Dickson (17e homme : L. Ellison)

ORACLE
ORACLE
TAGHeuer
SUI-64
infonet
ALINGHI.COM
AUDEMARS PIGUET
UBS

La coordination des Suisses d'Alinghi a fait mouche une nouvelle fois face à Oracle.

Finale Coupe Louis Vuitton

Alinghi (CH)	3
Oracle (USA)	0

Après une journée de repos, *Alinghi* a poursuivi sa route effrénée vers la Coupe de l'America, en distançant *Oracle* pour la troisième fois d'affilée lors de cette Coupe Louis Vuitton. Mais, cette fois, le Class America helvétique a éprouvé davantage de difficultés à se sortir des griffes encore mal acérées des Américains. Dans un duel qui fut l'un des plus spectaculaires de cette 31e édition, les équipiers de Russell Coutts ont encore imposé leur joug dans un somptueux corps-à-corps.

D'entrée, la lutte entre les deux Class America a été âpre et a vu l'équipe d'Ernesto Bertarelli passer en tête à la première bouée, au prix d'une dizaine de virements de bord. Faisant preuve d'une combativité exemplaire, *Oracle a* riposté en talonnant puis en dépassant *Alinghi*. Las, l'excès d'enthousiasme américain s'est converti en fougue mal canalisée : le voilier américain a touché son duettiste suisse lors du deuxième bord de portant et a logiquement été pénalisé. Les hommes de Peter Holmberg et de Chris Dickson ont exécuté leur 360° juste avant l'arrivée et se sont inclinés pour trois secondes, avant d'écoper d'une minute de pénalité pour avoir touché la bouée d'arrivée.

« Je crois que nous nous améliorons avec des courses aussi intenses que celle-ci. Elles nous donnent matière à réflexion pendant la nuit. Le plus important est que nous ayons pris ce nouveau point. Mais il nous faut encore courir demain. »

Russell Coutts
(skipper)

La régate du jour

Alinghi (CH)
bat Oracle (USA)

Départ : ***Alinghi*** (+ 1″)
Marque 1 : ***Alinghi*** (+ 8″)
Marque 2 : ***Alinghi*** (+ 13″)
Marque 3 : ***Alinghi*** (+ 12″)
Marque 4 : ***Oracle*** (+ 8″)
Marque 5 : ***Oracle*** (+ 29″)
Arrivée : ***Alinghi*** (+ 1′01″)

Météo : Beau temps, vent de sud, 10 noeuds

Alinghi

D. Phipps, C. Blewett, F. Rapetti, J. Belsky, K. Bjorn, W. McCarthy, S. Daubney, R. Bouzaid, C. Karcher, M. Jones, W. Fleury, P. Van Nieuwenhuyzen, J. Schuemann, E. Bertarelli, B. Butterworth, R. Coutts

Oracle

G. Shaver, B. Bates, D. Brooke, M. Smith, M. McTeigue, M. Welling, B. McInnes, R. Naismith, B. Wylie, C. Dunn, M. Sanderson, E. Doyle, T. Chieffi, I. Burns, P. Holmberg, C. Dickson

Finale Coupe Louis Vuitton

Alinghi (CH)	3
Oracle (USA)	1

Le navigateur Ian Burns et l'équipe Oracle ont mis un terme à sept victoires consécutives.

Ultime chance d'endiguer l'inébranlable marche en avant suisse, cette quatrième régate a permis à *Oracle* de se donner des moyens de pouvoir encore croire en ses chances, dans cette confrontation au meilleur des neuf manches (cinq points assurant la qualification). Placé sur orbite par un départ idéal, le Class America de Peter Holmberg (le numéro 1 mondial de match-race) a cette fois su dompter le petit temps pour maîtriser le voilier helvétique et l'emporter.

Bien parti, *Oracle* a su braver des conditions de vent très versatiles tout au long du périple (de 4 à 10 nœuds suivant les périodes) et a profité d'un manque de marquage d'*Alinghi* et de son tacticien Brad Butterworth pour prendre l'ascendant dans le premier bord de portant. Obliquant dans une toute autre trajectoire que leurs adversaires (*Alinghi* s'est positionné un temps à une distance longitudinale de 1,2 kilomètres !), *Oracle* a exploité une bascule de vent opportune pour passer en tête puis accroître progressivement son avance. Malgré la casse d'une contre-écoute de spi, le Syndicat de San Francisco a enfin triomphé face aux Suisses et mis un terme à une série de sept victoires consécutives des Helvètes.

« Ce n'était pas notre jour de chance aujourd'hui. Nous avons bien négocié la première partie de la course, qui était paradoxalement la plus difficile à gérer, le vent n'étant pas établi. Puis Oracle a touché une oscillation favorable et nous avons perdu la tête de course. »

Jochen Schuemann
(stratège)

La régate du jour

Oracle (USA)
bat Alinghi (CH)

Départ : ***Oracle*** (+ 1")
Marque 1 : ***Alinghi*** (+ 38")
Marque 2 : ***Oracle*** (+ 56")
Marque 3 : ***Oracle*** (+ 57")
Marque 4 : ***Oracle*** (+ 2'34")
Marque 5 : ***Oracle*** (+ 2'13")
Arrivée : ***Oracle*** (+ 2'13")

Météo : Beau temps, vent de sud, 5-10 noeuds

Alinghi

D. Phipps, C. Blewett, F. Rapetti, J. Belsky, K. Bjorn, W. McCarthy, S. Daubney, R. Bouzaid, C. Karcher, M. Jones, W. Fleury, P. Van Nieuwenhuyzen, J. Schuemann, E. Bertarelli, B. Butterworth, R. Coutts.

Oracle

G. Shaver, B. Bates, D. Brooke, M. Smith, M. McTeigue, M. Welling, B. McInnes, R. Naismith, B. Wylie, C. Dunn, M. Sanderson, E. Doyle, T. Chieffi, I. Burns, P. Holmberg, C. Dickson (17e homme : K. H. Kalbfell, BMW)

Rivalisant d'ingéniosité et de lucidité, la cellule arrière d'Alinghi a forgé un quatrième succès plein de clairvoyance sur Oracle.

Galvanisés par le point pris avec vaillance la veille, les équipiers de Chris Dickson se sont élancés avec la ferme intention de réitérer leur exploit et de recoller un peu plus au score. Tout débuta d'ailleurs pour le mieux pour *Oracle* qui, tout comme lors de la régate précédente, sut exploiter un vent très changeant pour s'installer au commandement. Mais c'était sans compter sur la fantastique coordination des hommes de Russell Coutts...
Une fois de plus, les Suisses ont fait montre d'une exceptionnelle osmose, sachant conserver leur sérénité malgré leur retard et les oscillations de vent. Grâce à une lutte acharnée de 13 virements, *Alinghi* doubla *Oracle* une première fois dans le deuxième bord de près. Testant la couverture de Chris Dickson, les seize membres d'*Alinghi* surveillèrent l'évolution de leur adversaire, en le laissant partir sur la gauche et en le débordant ponctuellement. Avant de le coiffer définitivement dans le dernier bord de portant, grâce à une bascule de vent déterminante anticipée par Brad Butterworth. Avec quiétude et sérénité, les Suisses coupèrent ainsi la ligne avec 13 secondes d'avance.

Finale Coupe Louis Vuitton

Alinghi (CH)	4
Oracle (USA)	1

« Lorsqu'Oracle était devant, nous avons gardé un bon esprit sur le bateau et, surtout, nous avons assuré les manœuvres. Nous avons vraiment bien navigué, d'autant plus que Brad et Jochen ont fait du bon travail pour que nous revenions au contact de l'autre bateau. »

Francesco Rapetti
(Red de mat)

Météo : Beau temps, vent de sud, 10-15 noeuds

Alinghi
D. Phipps, C. Blewett, F. Rapetti, J. Belsky, K. Bjorn, W. McCarthy, S. Daubney, R. Bouzaid, C. Karcher, M. Jones, W. Fleury, P. Van Nieuwenhuyzen, J. Schuemann, E. Bertarelli, B. Butterworth, R. Coutts.

Oracle
G. Shaver, B. Bates, D. Brooke, M. Smith, M. McTeigue, M. Welling, B. McInnes, R. Naismith, B. Wylie, C. Dunn, M. Sanderson, E. Doyle, T. Chieffi, I. Burns, P. Holmberg, C. Dickson

La régate du jour

Alinghi (CH)
bat Oracle (USA)

Départ : ***Alinghi*** (+ 6")
Marque 1 : ***Oracle*** (+ 28")
Marque 2 : ***Oracle*** (+ 27")
Marque 3 : ***Oracle*** (+ 10")
Marque 4 : ***Alinghi*** (+ 9")
Marque 5 : ***Alinghi*** (+ 16")
Arrivée : ***Alinghi*** (+ 13")

WESCAM
3G
3G
WESCAM
3G
WESCAM

Après Prada en 2000, l'Europe décroche un nouveau succès dans la Coupe Louis Vuitton, grâce aux Suisses d'Alinghi.

Comme espéré pour certains, et comme redouté par d'autres, *Alinghi* n'a pas laissé sa première occasion de remporter la Coupe Louis Vuitton. Sans trembler, alors qu'elle fut une fois de plus en position de poursuivant, l'équipe helvétique a gardé sa cohésion pour refaire son handicap et a soufflé la victoire à leurs antagonistes américains, inscrivant le cinquième point, décisif, dans cette finale.

Avant même le départ, les hommes d'*Oracle* savaient que leur tâche serait ardue : le Comité les avait d'entrée pénalisés pour ne pas avoir laissé suffisamment de place au voilier suisse pour manœuvrer. Obnubilée par l'ambition de distancer très largement SUI-64 pour observer leur pénalité, l'équipe de Peter Holmberg a forcé son talent, a pris l'avantage durant les deux premiers bords et s'est retrouvée avec 150 mètres d'avance. Fidèles à leur stratégie de course éprouvée, les Suisses ont comblé leur handicap, trouvé une bonne vitesse et pris la tête dans le deuxième bord de près. Ils ne l'ont alors plus quittée et ont filé vers leur glorieux destin, décrochant leur cinquième succès, synonyme de victoire dans la Coupe Louis Vuitton.

Finale Coupe Louis Vuitton

Alinghi (CH)	5
Oracle (USA)	1

« Ce que nous venons de faire est fantastique. Nous sommes bien évidemment très heureux. Gagner est une sensation très agréable ! Le score de 5-1 ne reflète pas l'intensité de cette finale où les régates furent très sérrées. »

Russell Coutts
(skipper)

Météo : Beau temps, vent de sud, 10 noeuds

Alinghi

D. Phipps, C. Blewett, F. Rapetti, J. Belsky, E. De Maria, J. Barnitt, S. Daubney, R. Bouzaid, C. Karcher, M. Jones, W. Fleury, P. Van Nieuwenhuyzen, J. Schuemann, E. Bertarelli, B. Butterworth, R. Coutts.

Oracle

G. Shaver, B. Bates, D. Brooke, M. Smith, M. McTeigue, M. Welling, B. McInnes, R. Naismith, B. Wylie, C. Dunn, M. Sanderson, E. Doyle, T. Chieffi, I. Burns, P. Holmberg, C. Dickson (17e homme : L. Ellison)

La régate du jour

Alinghi (CH)
bat Oracle (USA)

Départ : ***Oracle*** (+ 1")
Marque 1 : ***Alinghi*** (+ 15")
Marque 2 : ***Alinghi*** (+ 28")
Marque 3 : ***Oracle*** (+ 10")
Marque 4 : ***Alinghi*** (+ 24")
Marque 5 : ***Alinghi*** (+ 24")
Arrivée : ***Alinghi*** (+ 2'34")

WESCAM

AUDEMARS PIGUET
3G
WESCAM
UMPIRE

La première confrontation entre le Defender et son Challenger a tourné court, Team NZ abandonnant après une heure de combat.

Encore auréolés de leur succès dans la Coupe Louis Vuitton, survenu quatre semaines plus tôt, *Alinghi* retrouva le plan d'Hauraki pour contester la Coupe de l'America au tenant du titre, le *Team New Zealand*. Disputée devant des milliers de spectateurs, la première des neuf confrontations potentielles (cinq succès étant nécessaires pour décrocher la célèbre aiguière d'argent) a tourné court puisqu'au bout d'une demi-heure, le voilier des Kiwis abandonna lors du premier bord.
Lors des premières minutes de course, NZL-82 avait fait jeu égal avec SUI-64. Dans un vent soufflant à plus de 20 nœuds, l'équipage néo-zélandais s'était élancé aussi bien que celui des Suisses, mais il déchanta rapidement lorsque, successivement, la bôme se cassa puis un étai. Après trois ans de longue attente et d'intense préparation, le *Team NZ* de Dean Barker initia sa croisade par un abandon, chose qui n'était plus arrivée à ce stade de la compétition depuis 1920 (lorsque l'*American Resolute* avait subi une avarie de grand-voile... avant de l'emporter 3-2). Comme l'exige le règlement, *Alinghi* a achevé son parcours de 18,5 miles en un peu moins de deux heures et inscrit son premier point sans combattre.

« Un point, c'est un point et nous prendrons tous ceux qui seront à notre portée. Une journée avec 25 nœuds de vent est un véritable test pour notre bateau et nous sommes passés au travers. Notre équipe de maintenance a fait un excellent fravail. »

Russell Coutts
(skipper)

Coupe de l'America

Alinghi (CH)	1
Team New Zealand (NZ)	0

La régate du jour

Alinghi (CH)
bat Team New Zealand (NZ)

Départ : ex-aequo
Marque 1 : ***Alinghi*** (+ 0")
Marque 2 : ***Alinghi*** (+ 0")
Marque 3 : ***Alinghi*** (+ 0")
Marque 4 : ***Alinghi*** (+ 0")
Marque 5 : ***Alinghi*** (+ 0")
Arrivée : ***Alinghi*** (+ 0")

Météo : Nuageux, vent de sud, 20 nœuds

Alinghi
D. Phipps, C. Blewett, F. Rapetti, J. Belsky, E. De Maria, J. Barnitt, S. Daubney, R. Bouzaid, D. Neidhart, M. Jones, W. Fleury, P. Van Nieuwenhuyzen, J. Schuemann, E. Bertarelli, B. Butterworth, R. Coutts

Team New Zealand
J. Lomas, M. Mitchell, N. Heron, J. Henderson, B. McKay, J. Macbeth, R. Waddell, C. Ward, J. Dagg, G. Loretz, T. Rae, A. Beashel, P. Evans, H. Pepper, M. Drummond, D. Barker

NZL-82
NZL-82
SAP
Telecom
TOYOTA
Steinlager
LOTTO
UBS

Dominer n'est pas gagner...
Le Team New Zealand
l'a vérifié à ses dépens .

Victorieux d'une nouvelle fois d'affilée,
Ernesto Bertarelli et son équipe
ont débuté leur Coupe de l'America
de la meilleure façon qui soit.

Malmenés tout au long de cette régate, les hommes de Russell Coutts ont démontré une abnégation à toute épreuve dans la baie d'Auckland pour renverser la tendance à leur avantage et coiffer *Team NZ* dans les derniers instants. Très haletant, ce deuxième affrontement a été dominé par les Kiwis, mais s'est soldé par une victoire étriquée d'*Alinghi*, victorieux avec seulement sept secondes d'avance.
Après un départ tout en douceur (les deux bateaux coupant la ligne six secondes après le coup de canon), les Suisses avaient pris l'ascendant ponctuellement durant le premier bord. avant que l'équipage de Barker ne réplique dans le portant et ne prenne plus de 200 mètres d'avance. Cherchant à préserver son avance et à maîtriser le retour du Class America helvétique, *Team NZ* a vu fondre son pécule au gré des virements de bord (près de 30 par voiliers !) dans lesquels les hommes de Coutts excellèrent. Fin stratège, ce dernier assura le succès de son équipe en embarquant son homologue et compatriote Barker sur la droite et en effectuant un ultime empannage décisif.

Coupe de l'America

Alinghi (CH)	2
Team New Zealand (NZ)	0

« C'est extraordinaire ce que Russell arrive à faire avec un bateau ! Dans le dernier bord de portant, c'est comme s'il avait mis son clignotant à gauche et puis c'était fait ! Enfin, ce ne fut pas aussi simple ! »

Ernesto Bertarelli
(navigateur)

Météo : Beau temps, vent de sud, 5-10 nœuds

Alinghi
D. Phipps, C. Blewett, F. Rapetti, J. Belsky, E. De Maria, J. Barnitt, S. Daubney, R. Bouzaid, D. Neidhart, M. Jones, W. Fleury, P. Van Nieuwenhuyzen, J. Schuemann, E. Bertarelli, B. Butterworth, R. Coutts

Team New Zealand
J. Lomas, M. Mitchell, N. Heron, J. Henderson, B. McKay, J. Macbeth, R. Waddell, C. Ward, J. Dagg, G. Loretz, T. Rae, A. Beashel, P. Evans, H. Pepper, M. Drummond, D. Barker

La régate du jour

Alinghi (CH)
bat Team New Zealand (NZ)

Départ : ex-aequo
Marque 1 : ***Alinghi*** (+ 12")
Marque 2 : ***Team NZ*** (+ 34")
Marque 3 : ***Team NZ*** (+ 26")
Marque 4 : ***Team NZ*** (+ 14")
Marque 5 : ***Team NZ*** (+ 26")
Arrivée : ***Alinghi*** (+ 7")

Leader de bout en bout, Alinghi a dominé de la tête et des épaules Team New Zealand et s'est placé à une victoire de l'exploit historique.

Contrairement à la régate précédente, les Suisses d'*Alinghi* ont dominé cette fois des winchs et du spinnaker leur match-race face aux Kiwis. Dès les premières longueurs, SUI-64 a pris le pas sur NZL-82 et est parvenu à y rester, malgré toutes les vélléités tentées par le skipper Dean Barker et de son Class America noir au potentiel si prometteur.

Toujours aussi irréprochable et incontournable, Russell Coutts a réalisé un pré-départ dont il a le secret, s'adjugeant le côté propice du plan d'eau, à droite, avant de couper la ligne de départ avec deux secondes d'avance. Profitant d'une oscillation de vent favorable, le Class America helvétique a irrémédiablement creusé l'écart lors du premier bord et a contourné la première bouée avec un avantage conséquent de 28 secondes. La cellule arrière suisse n'a plus eu dès lors qu'à gérer son avance et contrer la course-poursuite entamée par les Néo-Zélandais. Incapables de trouver le vent nécessaire tout au long des deux heures de course, les hommes de Baker ont vainement flirté avec la jupe d'*Alinghi* et n'ont pu lui souffler une troisième victoire consécutive.

Météo : Couvert (averses), vent de nord, 15-20 nœuds

Alinghi
D. Phipps, C. Blewett, F. Rapetti, J. Belsky, K. Bjorn, W. McCarthy, S. Daubney, R. Bouzaid, D. Neidhart, M. Jones, W. Fleury, P. Van Nieuwenhuyzen, J. Schuemann, E. Bertarelli, B. Butterworth, R. Coutts

Team New Zealand
J. Lomas, M. Mitchell, N. Heron, J. Henderson, B. McKay, J. Macbeth, R. Waddell, C. Ward, J. Dagg, G. Loretz, T. Rae, A. Beashel, P. Evans, H. Pepper, M. Drummond, D. Barker

Coupe de l'America

Alinghi (CH)	3
Team New Zealand (NZ)	0

La régate du jour

Alinghi (CH)
bat Team New Zealand (NZ)

Départ : ***Alinghi*** (+ 2″)
Marque 1 : ***Alinghi*** (+ 28″)
Marque 2 : ***Alinghi*** (+ 20″)
Marque 3 : ***Alinghi*** (+ 17″)
Marque 4 : ***Alinghi*** (+ 15″)
Marque 5 : ***Alinghi*** (+ 21″)
Arrivée : ***Alinghi*** (+ 23″)

« Notre intention a toujours été de protéger la droite. Sept minutes avant le départ, notre équipe météo nous a clairement indiqué qu'une oscillation à droite arrivait sur le parcours et, pour protéger ce côté, nous avons poussé le jeu vers la gauche de la ligne. »

Jochen Schuemann
(stratège)

Peu chanceux, le Team NZ a abandonné une deuxième fois en quatre regates, victime de son mât.

Initialement programmée le 20 février, après une journée de repos, la quatrième régate de la Coupe de l'America s'est déroulée après huit jours d'attente... en ayant été reportée à six reprises, en raison de vents trop violents. Privés de ses deux Français (Bernard Labro, blessé à l'épaule, et Christian Karcher, blessé à la hanche), *Alinghi* a enregistré un nouveau succès dans la baie d'Auckland, en ayant remporté prématurément une régate marquée par le second abandon des Néo-Zélandais. Chahutés par des conditions météorologiques dépressives, créant des creux de près de 1,50 mètre, les deux Class America ont défié de concert les éléments lors des premiers instants, SUI-64 précédent NZL-82 grâce à un pré-départ toujours aussi efficace de Russell Coutts. Dans les trois premiers bords, *Alinghi* s'est détaché progressivement, au gré comme au portant, et a porté son avance à 17 secondes. Quelques instants après, le mât du *Team NZ* s'est brisé au niveau de la deuxième rangée de barres de flèche, sans faire fort heureusement de blessé. Comme il le fit lors de la première régate, *Alinghi* n'eut plus alors qu'à boucler sa régate pour empocher un quatrième point et s'offrir... quatre balles de match !

Images saisissantes de contraste entre les hommes du Team NZ (en haut) et d'Alinghi (en bas), un peu plus près d'une consécration mondiale.

> « Lorsqu'un mât tombe ainsi, cela peut être très dangereux. Si quelqu'un se trouve dessous au moment de la chute, il peut se faire tuer. C'est une chance qu'il n'y ait eu aucun blessé. Personne n'aime gagner une course, mais cela fait partie du jeu. »
>
> Brad Butterworth
> (Tacticien)

Coupe de l'America

Alinghi (CH)	4
Team New Zealand (NZ)	0

La régate du jour

Alinghi (CH)
bat Team New Zealand (NZ)

Départ : ***Alinghi*** (+ 3″)
Marque 1 : ***Alinghi*** (+ 8″)
Marque 2 : ***Alinghi*** (+ 17″)
Marque 3 : ***Alinghi*** (+ 0″)
Marque 4 : ***Alinghi*** (+ 0″)
Marque 5 : ***Alinghi*** (+ 0″)
Arrivée : ***Alinghi*** (+ 0″)

Météo : Couvert (averses), vent d'est, 10-15 noeuds

Alinghi

D. Phipps, C. Blewett, F. Rapetti, J. Belsky, E. De Maria, J. Barnitt, S. Daubney, R. Bouzaid, D. Neidhart, M. Jones, W. Fleury, P. Van Nieuwenhuyzen, J. Schuemann, E. Bertarelli, B. Butterworth, R. Coutts

Team New Zealand

J. Lomas, M. Mitchell, N. Heron, J. Henderson, B. McKay, J. Macbeth, R. Waddell, C. Ward, J. Dagg, G. Loretz, T. Rae, A. Beashel, P. Evans, B. Pace, M. Drummond, D. Barker

infonet
ALINGHI.COM
riri
AUDEMARS PIGUET

SAP
TOYOTA
Telecom
NEW ZEALAND
LOTTO
Steinlager

Devenu quasiment inéluctable, le triomphe du voilier suisse *Alinghi* s'est déroulé dès la cinquième régate de cette 31e édition de la Coupe de l'America. Les hommes du magnat suisse Ernesto Bertarelli ont effectué une nouvelle prestation exemplaire, à l'instar de leur indispensable skipper néo-zélandais Russell Coutts qui, trois jours plus tôt, venait de fêter ses 41 ans !
Cette cinquième confrontation a tourné au cauchemar pour le *Team NZ* qui, signe prémonitoire, débuta en perdant le côté privilégié du parcours (à tribord). Les Néo-Zélandais subirent ensuite la domination d'*Alinghi*, avant de retrouver leurs vieux démons en constatant le bris d'un tangon de leur spinnaker. Impuissants, ils laissèrent dès lors filer le voilier suisse vers leur 32e succès (en 35 régates) qui leur assurait la victoire finale. La Suisse devenait ainsi la première nation européenne (enclavée dans les terres de surcroît) à remporter la Coupe de l'America, la plus vieille des épreuves modernes (elle fut initiée en 1851). Quant à son skipper Russell Coutts, il battait lui le record de l'Américain Dennis Conner (avec 14 victoires d'affilée) et égalait, avec trois succès consécutifs (1995, 2000 et 2003), l'ancestral record de Charlie Barr, qui signa la même prouesse... un siècle plus tôt !

« Un jour, j'ai rêvé de ramener la Coupe de l'America en Suisse. J'étais bien le seul à y croire ! Maintenant c'est fait. Je suis content qu'elle vienne dans ce pays où j'ai appris la tolérance mutuelle et l'amitié entre les peuples, dans cette nation multiculturelle. »

Ernesto Bertarelli
(navigateur)

Coupe de l'America

Alinghi (CH)	5
Team New Zealand (NZ)	0

Météo : Couvert (averses), vent d'est, 10-35 noeuds

Alinghi
D. Phipps, C. Blewett, F. Rapetti, J. Belsky, E. De Maria, J. Barnitt, S. Daubney, R. Bouzaid, D. Neidhart, M. Jones, W. Fleury, P. Van Nieuwenhuyzen, J. Schuemann, E. Bertarelli, B. Butterworth, R. Coutts

Team New Zealand
J. Lomas, M. Mitchell, N. Heron, J. Henderson, B. McKay, J. Macbeth, R. Waddell, C. Ward, J. Dagg, G. Loretz, T. Rae, A. Beashel, P. Evans, B. Pace, M. Drummond, D. Barker

La régate du jour

Alinghi (CH)
bat Team New Zealand (NZ)

Départ : ***Alinghi*** (+ 1")
Marque 1 : ***Alinghi*** (+ 21")
Marque 2 : ***Alinghi*** (+ 18")
Marque 3 : ***Alinghi*** (+ 16")
Marque 4 : ***Alinghi*** (+ 31")
Marque 5 : ***Alinghi*** (+ 42")
Arrivée : ***Alinghi*** (+ 45")

AUDEMARS PIGUET
infonet
ALINGHI
POLICE

UBS

Remerciements à :
Michelle Aflalo (pour son incommensurable patience),
Archibald (pour son éternelle et spontanée jovialité), Christophe Baudry (pour sa grande disponibilité),
Nicolas Belia (pour sa légendaire abnégation), Anne Botella (pour ses nombreuses relectures),
Dominique Dupuis (pour son inégalable érudition), Jean-Baptiste Gilou (pour sa divine sapience),
Gérôme Gilou (pour son inaltérable dévouement), Eleonore Gruere (pour sa précieuse et inspirante présence),
Pierre Humeau (pour son inestimable efficacité) et Jean-Philippe Salmon (pour sa lumineuse arithmétique).

Imprimé en mars 2003
par EPEL Graphique Industrie (Hendaye)